손재일 MBC D.콘텐츠제작2팀 팀장

2018년부터 MBC 일사에프 팀을 이끌고 있으며 70여 명의 팀원들과 함께 일하고 있다. MBC 디지털 파트에서 디지털뉴스혁신팀장과 디지털제작2부장을 거쳐 D.콘텐츠제작2팀장으로 유튜브 채널 일사에프, 소비더머니, 별다리 유니버스의 기획과 운영 총괄을 맡고 있다. 점점 치열해지는 디지털 콘텐츠 시장 상황에 맞춰 14F 뉴스레터, 14F 애플리케이션을 론칭했고 MBC NFT 마켓플레이스를 운영하고 있다.

전기영 MBC D.콘텐츠제작2팀 차장

MBC 보도국에서 사회부 기자로 일했다. 2017년에 디지털 콘텐츠 제작 부서인 엠빅뉴스에서 1년 동안 디지털 콘텐츠의 문법을 익혔고, 2018년 11월부터 MBC D.크리에이티브스튜디오에서 콘텐츠 기획과 제작 업무를 하고 있다. 〈사머니즘: 인생의 멘토를 찾아서〉란 코너를 기획·진행했고, 현재는 〈14F 뉴스레터〉를 맡고 있다. 기자와 제작자의 시선으로 우리가 사는 세상 이야기를 쓰고 있다.

MBC 14층 사람들은 이렇게 기획합니다

손댔다 하면 터지는
일사에프 팀의
디지털 콘텐츠 성공 전략

MBC 14층
사람들은

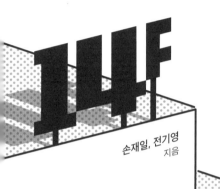

이렇게
기획합니다

손재일, 전기영
지음

콘텐츠 기획부터 브랜딩, 운영까지 잘나가는 뉴미디어 채널 만들기

21세기북스

뉴미디어 세계에서
살아남기 위한 4년의 기록

2022년 12월 10일.

유튜브 별다리유니버스 채널에 특집으로 공개한 '아프리카' 편이 유튜브 인기 급상승 영상에 올라왔다. 이틀 뒤에는 소비더머니 채널의 '재벌집 막내아들… 정말 삼성 이야기일까?' 편. 또 나흘 뒤에는 일사에프 채널 〈월드클로즈업〉 코너의 '베네수엘라' 편이 또 인기 영상으로 올라왔다. 일사에프 팀에서 제작한 콘텐츠들이 일주일 동안 구독자들로부터 큰 사랑을 받은 순간들이다.

2018년 11월.

일사에프 팀에 출근한 첫날, 채널의 구독자 수는 5,000명이 되지 않았다. 그때 우리는 "이렇게 재미있는데 왜 안 볼까?"라는 대화를 자주 나누었다. "많이는 바라지도 않는다. 콘텐츠 조회 수가 3만 회만 넘으면 소원이 없겠다"가 입버릇이었다. 4년이 지난 2022년 12월, 우리 팀은 유튜브와 메타(구 페이스북), 인스타그램, 틱톡 등에서 일사에프와 소비더머니, 별다리유니버스 채널을 운영하고 있고, 총 구독자 수 280만 명을 보유한 디지털 콘텐츠 제작 스튜디오로 거듭났다.

초기에는 구독자들이 무엇을 좋아하고 또 보고 싶어 하는지 몰라 우왕좌왕했다. 우리보다 이미 한참 앞선 경쟁 채널들 사이에서 생존을 걱정할 때도 있었다. 어떻게 위기를 헤쳐나가야 할지 막막해 포기하고 싶을 순간도 있었지만, 실패와 도전을 거듭한 끝에 '2030세대에게 맞는 아이템을 만들자', '아이템 주제에 어울리는 인플루언서를 찾아야 성공한다', '최대한 쉽고 재밌게 풀어서 설명한다', '다른 채널과 비슷한 콘텐츠는 제작하지 않는다'는 우리만의 원칙을 세울 수 있었다.

비록 후발 주자였지만 상대를 뒤쫓기보다는 앞서가는 채널이 되고 싶었고, 그렇게 되기 위해서 시장과 수요자 분석을 게을리하지 않았다. 채널 성장에 필요한 조회 수를 높이고, 그 조회 수를 유지하기 위해 끊임없이 실험했다. 그 결과 〈아이돈케어〉, 〈소비더머니〉, 〈돈슐랭〉, 〈별다리 유니버스〉, 〈주락이월드〉 같은 차별화된 코너와 인기 콘텐츠가 탄생할 수 있었다. 이 책에는 일사에프가 레드오션에서 생존하고 성장해 온 궤적을 기록해놓았다.

첫 번째 파트는 기회를 만드는 전략 이야기다. 수없이 실패하고 수없이 좌절했지만, 몸으로 부딪치지 않으면 절대 알 수 없는 정보와 분석 방법들을 공개했다. 이 전략을 통해 구독자들이 일사에프에 바라는 채널의 색깔과 방향을 확인할 수 있었다.

두 번째 파트에는 제작 경험을 통해 알게 된 성공 조건들을 상세하게 써놓았다. 처음 채널을 기획할 때, 조회 수가 잘 안 나올 때, 구독자 수가 정체되어 있을 때 어떤 고민을 했고 어떻게 해결했는지 등 실전에서 겪은 수많은 난관을 헤쳐나가는 방법을 자세하게 다뤘다.

마지막 파트는 디지털 콘텐츠 시장의 미래에 관한 내용이다. 일사에프는 유튜브와 같은 동영상 플랫폼에 콘텐츠를 제공하는 것 외에도 전용 애플리케이션을 개발했고, 뉴스레터 제작과 NFT 판매 등 다양한 분야로 디지털 콘텐츠 사업 영역을 확대하고 있다. 미래 먹거리를 찾기 위한 일사에프의 부단한 시도와 디지털 콘텐츠 시장의 변화와 미래에 대한 흥미로운 이야기를 접할 수 있을 것이다.

이 책은 콘텐츠 기획자나 유튜브, SNS 채널 운영자, 미래의 뉴미디어 관련 종사자에게 "콘텐츠는 이렇게 제작하고 채널은 이렇게 운영하세요"라고 가르치려고 쓴 것이 아니다. 맨땅에서 시작한 일사에프가 성장하면서 겪은 실패와 성공 경험이 누군가에게 조금이라도 도움이 될 수 있으면 좋겠다는 생각에서 쓰기 시작했다. 디지털 콘텐츠 세계로 가는 길이 막막하고 두렵다면, 일사에프의 이야기를 길동무로 삼길 바란다. 이 책을 통해 실패의 횟수를 줄이고, 성공에 한 걸음 더 다가설 수 있었으면 좋겠다.

280만 구독자와 함께 하는 채널로 성장하기까지 수많은 사람의 노력이 일사에프에 묻어 있다. 마지막으로, 오늘도 14층에서 머리를 쥐어짜며 제작에 힘쓰고 있는 70여 명의 일사에프 제작진, 사업팀, 그리고 우리의 성장을 옆에서 지켜봐주신 구독자들에게 감사의 인사를 전한다.

2022년 12월

손재일, 전기영

차례

PART 3. 빠르게 변화하는 뉴미디어 세계, 그다음은?
디지털 콘텐츠의 미래

PART
1

14F, 세상에 없던 채널의 탄생

지상파 방송사의
디지털 콘텐츠 성공 전략

하루 늦은 뉴스

속도가 아닌
진심을 선택하다

디지털 입문은 그 콘텐츠를 주로 소비하는 세대에 대한 이해로
부터 시작됐다. 방송과는 감성도 언어도 달랐다. 방송에서 디
지털 문법을 차용하면서 서로 섞이고 있지만, 분명한 차이가
있다.

골라서 짚어주는 큐레이션 뉴스

2017년 MBC는 보도 부문에 뉴미디어편집부, 뉴미디어 취재부, 마봉춘미디어랩 등 디지털 파트 조직을 신설했다. 나는 신설된 디지털 파트로 인사 발령을 받았다. 뉴미디어 파트에 스스로 지원했지만 솔직히 그곳에서 무엇을 해야 하는지 전혀 알지 못했다. 소셜미디어 이용도 페이스북으로 지인들이 어떻게 지내는지 살펴본 것이 전부였다. 10년 넘게 방송만 알고 지내서 디지털 파트에 대한 이해도가 바닥에 가까웠다. "앞으로 디지털이 대세야"라는 풍문만 듣고 '해볼 만하지 않을까'라는 생각으로 지원했을 뿐이었다.

디지털 파트에 처음 왔을 때 받은 인상은 "와, 진짜 아무것도 없구나"였다. 10여 명의 제작진이 있었지만 정기적인 콘텐츠 발행 시스템과 채널 브랜딩에 대한 인식 자체가 없었다. 당시 MBC 내부에서 디지털에 대한 인식은 실험에 가까웠다.

배정된 부서는 마봉춘미디어랩이었다. 마봉춘미디어랩이라는 부서명은 그 무렵 보도본부장이 고심 끝에 정했다고 한다. 보도라는 장르를 벗어나 레거시(현재에도 사용되지만 과거에 출시되거나 개발된 전통적인 미디어)를 잊고 자유롭게 디지털 미디어를 실험해보라는 의미에서 붙여준 이름이다. 하지만 이름만 듣고서는 어떤 부서인지 알 수 없었다. 당시 우리 팀에는 팀장을 포함해 네 명의 기자가 있었는데 막막하기는 모두 비슷했던 것 같다.

신설된 디지털 파트의 구성원들은 무엇부터 시작해야 할지 정확히 모르고 있었다. 디지털 콘텐츠에 적합한 러닝타임은 몇 분인지, 구성은 어떻게 해야 하는지, 채널 브랜딩은 어떻게 할지 모든 것이 너무 막막했다. 아예 바닥부터 시작해야 하는 상황이었다. 기본적인 전략 먼저 짜야 했다. 콘텐츠 제작은 시기상조였으므로 처음에는 벤치마킹할 디지털 미디어 관련 자료를 조사하기 바빴다. '더 스킴the Skimm'과 '스브스뉴스'는 그때 가장 많이 참조한 채널이다.

더 스킴의 소개 글에는 "밀레니얼 세대 여성을 위한 뉴스레터로, 복잡한 뉴스를 친구와 수다를 떠는 것처럼 편안한 톤 앤 매너로 풀어 간추린 형태로 전달한다"고 적혀 있다. 헤드라인으로 메인 질문을 던진 뒤에 '왜? 그래서? 어떻게?' 등 계속 꼬리를 무는 질문으로 뉴스를 쉽게 설명하는 방식이다.

더 스킴의 스토리텔링 방식은 2018년에 크게 유행했다. 강다솜, 이영은 아나운서가 진행하는 일사에프 〈데일리픽〉 역시 더 스킴에서 영감을 얻어 비슷한 톤 앤 매너로 기획되었다. 현재 51만 구독자 뉴스레터 '뉴닉', 경제 뉴스레터 '어피티', '14F(일사에프) 뉴스레터' 등 국내에서 인기를 끌고 있는 대다수의 뉴스레터가 더 스킴의 스토리텔링 방식에 영향을 받았을 것이다.

스브스뉴스는 뉴미디어 신에서 설명이 필요 없는 최강자이자 선구자다. 저널리즘에 집착하지 않고 20대의 언어로 사회 이슈를 쉽게 전달했다. 카드뉴스로 이름을 알린 뒤, 연반인 PD '재재'가 진행하는 〈문명특급〉으로 자리를 잡았다. 개인적으로 더 스킴보다 스브스뉴스에 끌려서 상당 기간 스브스뉴스를 집중적으로 분석했다. 톤 앤 매너는 물론 채널 브랜딩부터 어떤 아이템을 선정하고 제작하는지까지 꼼꼼히 체크했다. 그러다 보니 "우리가 과연 이런 채널을 만들 수 있을까?"라는 생각이 들었다. 당시에는 그야말로 '넘사벽'이었다.

디지털에 담긴 마음

  2017년 12월 24일 아이돌 그룹 샤이니의 종현이 갑작스레 세상을 떠났다. 종현의 비보를 뉴스로 제작해야 했다. 민감한 사건이라 방송 뉴스처럼 활동 영상을 활용해 간단히 사건 내용만 전하기로 마음먹었다. 제작에 필요한 자료를 찾다가 우연히 MBC FM 라디오 〈푸른밤, 이동진입니다(이하 '푸른밤')〉 이동진 씨의 클로징 멘트를 들었다.

  "다들 그렇듯이 몇 시간 전에… 〈푸른밤〉을 처음 맡으면서 사실 훌륭한 DJ였던 종현 씨 후임이라는 게 좀 부끄럽기도 하고 한편으로 뿌듯하기도 했었는데요. 오늘 이 자리는 이상하게 저에게 참담하기도 하고 약간 왜 그런지 모르겠는데 죄스럽게 느껴지는 느낌도 있고요. 종현 님께서 따뜻한 곳에서 더 이상 힘들지 않았으면 좋겠습니다. 사실 저는 종현 DJ를 한 번도 만난 적이 없습니다. 종현 씨의 마지막 〈푸른밤〉 방송을 들었는데 그때 종현 씨의 마지막 〈푸른밤〉 방송은 사람의 마음을 움직이는, 저 사람이 얼마나 좋은 사람이고 맑은 사람이구나를 느끼게 해주는 그런 방송이었죠."

  이동진 씨는 클로징에서 종현에 대한 소회를 담담한 어조로 전했다. 종현에 대해 잘 알지 못했지만 이동진 씨의 담담한 멘트가 팬들을 위로할 수 있겠다고 생각했다. 이동진 씨의 클로징 멘트와 종현의 마지막 방송 인사말을 묶고, BGM으로 종현의 노래인 〈하루의 끝〉을 선택했다. 뉴스 제작을 함께한 심지은 PD가 종현의 팬이어서 어렵지 않게 영상에 어울리는 선곡을 할 수 있었다. 제목은 '푸른밤 종현입니다'로 정했다. 영상을 시청한 많은 팬이 댓글을 달았다.

"누구보다 따뜻했고 말 한마디로 마음을 어루만져주던 종현, 힘들 때 푸른밤 들으며 하루의 오로지 그 시간만 기다리고 위로받고는 했었는데 그곳에서는 마음 편안하게 행복했으면. 당신을 잊지 않을게요."

"위로 못 해줘서 미안해요. 힘든 것들 알아채지 못해서 너무너무 미안합니다. 얼마나 괴롭고 아팠을까 저는 짐작할 수도 없겠죠? 그곳에서는 더 이상 힘든 일 없이 평안하길 바라고 그 높디높은 하늘에서 지켜봐주세요. 영원히 기억하겠습니다."

"평생 남을 위로하면서 정작 자기 자신은 위로받지 못한 종현님. 다음 생에는 좀 더 이기적으로 살길 바라요. 그곳은 이곳보다 따뜻한 곳이길 진심으로 바라봅니다. 수고하셨어요, 그동안, 푹 쉬어요."

"종현아…. 마음 아프다, 정말. 수고했어. 너의 따뜻함, 생각, 목소리, 웃음 잊지 않을게. 푹 쉬어…."

'푸른밤 종현입니다'가 발행된 후 달린 수많은 팬의 댓글을 보니 제작진의 진심이 제대로 전달됐음을 확인할 수 있었다. 정제되지 않은 날것이 지닌 힘을 깨달을 수 있었고, 디지털 콘텐츠의 가능성을 엿보았다. 콘텐츠를 시청한 이들이 피드백을 통해 제작진과 정보 이상의 감정까지 공유하는 세상! 나는 그렇게 디지털 콘텐츠에 입문했다.

디지털 문법을 들여오는 법

2018년 1월 12일 김연아 선수가 평창 동계올림픽을 앞두고 MBC를 방문했다. 평창 동계올림픽의 성공적 개최를 위한 조언과 은퇴 이후의 삶에 대해 인터뷰했다. 인터뷰는 MBC 〈뉴스데스크〉와 유튜브 채널 엠빅뉴스를 통해 시청자에게 전달됐다. 편성 시간 관계로 방송되지 못했지만, 흥미로운 내용을 추가 편집해서 발행했다. 고민 끝에 제목은 '김연아가 상암동에 떴다! 그녀의 그뤠잇한 인터뷰'로 정했다. 너무 가벼워 보이지 않을까 걱정했는데 조회 수가 4만이 넘었다. 당시 엠빅뉴스 구독자가 3,000여 명인 걸 감안하면 꽤 높은 조회 수였다. 댓글 반응도 괜찮았다. 물론 김연아 선수가 출연한 덕이 컸겠지만 나쁘지 않은 결과였다.

지금에야 디지털의 영향을 받아 기사 헤드라인에 가끔씩 비문도 사용하지만 그때만 해도 신문, 방송 기사에는 정제된 단어와 문장만 사용했다. 직접 경험한 디지털 용어와 문법은 방송과 너무도 달랐다. 정말 이렇게 써도 되나 싶은 썸네일 자막과 제목을 단 유튜브 영상이 넘쳐났다.

"다들 제목 장사를 하니 어쩔 수 없다."

"디지털에는 디지털에 맞는 문법이 있다."

이런 조언을 여러 차례 들었다. 변화된 상황을 받아들이려 노력했지만, 영상을 업로드한 후에는 썸네일과 제목 때문에 늘 불안했다. MBC에서 이런 단어를 써도 되냐는 항의성 댓글이 달리지 않을까? 불안해하며 꽤 오랫동안 댓글 창을 지켜만 보았다.

제목을 정직하게 쓰려니 디지털 콘텐츠 특유의 재미가 없었다. 그렇다고 용감하게 쓰자니 솔직히 겁이 났다. 어설픈 농담에 갑자기 분위기가 싸해지는 상황이 벌어질 것 같았다. 선을 넘지 않으려면 기준을 정해야 하는데, 그게 쉽지가 않았다. 그래서 20대 PD들에게 제목에 대해 많이 물었다.

"괜찮니? 너무 나간 거 같지 않아? '광분!', '뒤집혔다!' 등등은 어때? 이거 괜찮을까?"

제목을 쓸 때마다 꼭 한두 명의 제작진에게 조언을 구했다.

2030이 소비하는 콘텐츠를 40대 아저씨가 제작하기란 정말 쉽지 않았다. 고심 끝에 인턴이라는 해결책을 생각해냈다. 이럴 바에야 콘텐츠를 함께 분석하고 조언을 구할 인턴을 뽑자! 인턴 공고를 내고, 지원자들이 보내온 포트폴리오를 꼼꼼히 챙겨 봤다. 포트폴리오에 정리된 스펙에 감탄이 절로 흘러나왔다. 아직 학생들인데 언제 이렇게 포트폴리오를 준비하고 사회 경험을 쌓은 것인지. 그렇게 디지털 세상을 함께 탐구할 다섯 명의 인턴을 뽑았다.

인턴들을 통해 2030은 어떤 콘텐츠에 관심이 있고, 주로 사용하는 단어와 일상적으로 사용하는 줄임말은 무엇인지 등을 하나하나 배워갔다. 정서적인 톤 앤 매너가 달라도 너무 달랐지만 그래도 꽤 재미있는 시간을 보냈다. 개인적으로 MZ가 사용하는 줄임말이 가장 이해하기 벅찼다. 소확행? 그래도 이 정도는 알지. 그런데 자만추? 네넴띤? 머선129? 그들은 심지어 식당 이름까지 줄여 말했다.

"점심 먹으러 어디 가니?"

"구식이요."

뭐, 구식? 아! 구내식당.

'줄임말 50개, 당신은 몇 문제 맞힐 수 있나요?' 2018년 10월 〈머니투데이〉 기사 제목이다. 지금에야 웃고 넘길 수 있는 내용이지만 당시에는 꽤 진지하게 다가왔다.

디지털 콘텐츠를 만드는 입장에서 20대 제작진을 이끌지는 못하더라도 이해할 수는 있어야 했다. 10대부터 2030이 사용하는 언어를 이해하지도 못하면서 그들이 즐길 만한 콘텐츠 만들기가 가능할까? 질문에 답을 얻으려 인턴들이 자주 사용하는 줄임말과 신조어를 이해하려 노력했다. 커뮤니티에서 애써 신조어를 찾아보기도 했다. 앞에 이야기한 〈머니투데이〉 기사 등을 참고해 수능 준비하듯 외우고 익혔다. 인턴들이 선생님이었다. 인턴들 덕분에 서서히 MZ 감성에 맞게 콘텐츠의 톤 앤 매너를 바꿀 수 있었다.

평창 동계올림픽 아이스댄스 국가 대표 선수로 귀화한 민유라 선수의 연습 영상을 담은 콘텐츠의 제목은 '5초 이상 헤어질 수 없는 커플'이다. 스피드스케이팅 김민석 선수가 아시아 최초 1500미터 동메달 획득 순간을 담은 영상 제목은 '해설진을 광분하게 만든 김민석, 일냈다 일냈어'다. 둘 다 인턴들의 감성을 빌려서 탄생했다.

디지털 입문은 그 콘텐츠를 주로 소비하는 세대에 대한 이해로부터 시작됐다. 방송과는 감성도 언어도 달랐다. 방송에서 디지털 문법을 차용하면서 서로 섞이고 있지만, 분명한 차이가 있다. 자연스레 얻을 수 있는 감성과 언어가 아니므로 학습이 필요하다고 절실하게 느꼈다.

나중에 깨달았지만 사실 완전히 이해하는 것은 불가능하다. 살아온 시간이 다르니까. 늦은 나이에 너무 빨리 흡수하려 하면 오히려 탈날 수도 있다. 괜히 아는 척하다가 화를 부를 수도 있다. 그렇지만 콘텐츠의 타깃 오디언스를 이해하려는 노력의 과정은 헛되지 않았다. 받아들이기 힘든 부분도 있었지만 그들을 이해하려고 애쓴 시간은 꽤 흥미롭고 즐거웠다.

MBC 버티컬 채널

레거시 미디어의
룰을 버려라

채널을 기획할 때는 타깃 오디언스에 대한 고민이 가장 컸다.
각박한 세상에 이제 막 뛰어든 열정 넘치는 20대에게 세상 돌
아가는 이야기를 알려주고 싶었다. 의미 있는 뉴스나 유용한
정보를 제공하는, 사회 초년생에게 꼭 필요한 채널.

이상하고 새로운 채널의 등장

마봉춘미디어랩에서 엠빅뉴스를 담당한 지 1년이 지났을 때였다. 디지털 콘텐츠 제작에도 어느 정도 익숙해졌다. 채널 브랜딩이 완벽하지는 않지만 성공적이라는 평가를 받았으며 팀원들도 늘어났다. 평창 동계올림픽, 남북정상회담, 팔렘방 아시안게임, 러시아 월드컵을 치르면서 엠빅뉴스의 구독자 수도 어느새 18만 명을 넘어섰다. 빅 이벤트를 연달아 치러서인지 시간이 너무 빨리 지나갔다. 팀원 모두 정신없이 달렸다. 그사이 제작진도 자신감을 얻었다. 그동안 이룬 것들을 돌아보며 앞으로의 성장 계획을 좀 더 촘촘히 세워야 할 시기였다.

당시 MBC 뉴미디어뉴스국은 또 다른 프로젝트를 진행하고 있었다. 온라인 큐레이팅 뉴스를 지향하는, SNS 채널 세우기 프로젝트였다. 미디어 엑셀러레이터 '메디아티'와 함께하는 공동기획이었다. 이 프로젝트를 통해 만들어진 채널이 일사에프다.

'미디어 엑셀러레이터'란 굉장히 생소한 단어였지만, 가속도를 붙여준다는 뜻이리라 짐작했다. 메디아티는 미디어 스타트업에 전문적으로 투자 육성해 콘텐츠 개발을 돕는 회사로, 다음커뮤니케이션 창업자 이재웅 대표의 투자로 2016년에 설립됐다. 닷페이스 또한 메디아티가 투자한 채널이다.

메디아티와 함께 기획한 일사에프에 대해 뉴미디어국의 초기 반응은 그다지 호의적이지 않았다. 생애주기로 따지면 MBC뉴스, 엠빅뉴스도 겨우 유아기를 벗어난 처지였다. 또 다른 채널을 만드는 일이 힘겹다고 느꼈다. 방송국 내부에도 제작진이 있는데 왜 굳이 메디아티와 함께 채널을 기획하는지도 쉽사리 이해되지 않았다.

국장회의에서 국내 최초 온라인 뉴스쇼 '일사에프' 프로젝트를 처음 공개한 날의 분위기는 좋지 않았다. 밀어붙인다는 느낌이었다. 엠빅뉴스도 이제 걸음마를 뗴었는데 선택과 집중이 이뤄지지 않는다고 생각했다. 하지만 나의 의견과는 달리 일사에프 프로젝트는 차곡차곡 진행됐다. 돌이켜보면 MBC 뉴미디어국을 이끄는 이호인 국장은 기존 SNS 채널과 차별화된, 좀 더 신선한 무언가를 기획하고 싶었던 것 같다. 결론적으로 국장의 판단이 옳았다. 내부 분위기에 밀렸다면 일사에프는 세상의 빛을 못 봤을 테고, 지금 같은 성과를 이루지도 못했을 것이다.

원론적인 질문이지만 언론사에서 왜 SNS 채널을 만들게 됐을까? 2017년부터 소셜미디어에서 뉴스를 소비하는 시청자들이 비약적으로 늘어났다. 30%를 오르내리던 TV 뉴스 시청률이 10%를 간신히 웃돌거나 이에 미치지 못하는 상황이었다. 모바일 채널 일사에프는 지상파 뉴스 시청률이 10% 미만인 시대에서 변화된 방송 환경에 적응해야만 한다는 위기감 때문에 탄생한 셈이다.

2018년 7월에 오픈했고 페이스북을 랜딩 페이지로 선택했다. 당시에는 페이스북이 대세 소셜미디어였다. 지금과 달리 페이스북이 하락세를 걷기 전이었다. 유튜브도 성장하고 있었지만, 페이스북은 성장의 정점에 있었다. 지금이야 와치watch 서비스를 통해 페이스북에서도 다양한 동영상 콘텐츠를 즐길 수 있지만 당시에는 지인들을 연결해주는 커뮤니티 서비스와 카드뉴스, 가볍게 즐길 수 있는 스낵 영상이 콘텐츠의 주류였다. 페이스북에 가로가 아닌 세로 영상으로 큐레이션 뉴스를 제공하는 서비스는 꽤 신선한 기획이었다.

누구에게 어떤 정보를
어떤 방식으로 전달할까?

채널을 기획할 때는 타깃 오디언스에 대한 고민이 가장 컸다. 각박한 세상에 이제 막 뛰어든 열정 넘치는 20대에게 세상 돌아가는 이야기를 알려주고 싶었다. 의미 있는 뉴스나 유용한 정보를 제공하는, 사회 초년생에게 꼭 필요한 채널. 일사에프를 통해 모바일에서 MBC의 젊은 충성 시청자층을 새롭게 얻고자 했다.

MBC뉴스와 엠빅뉴스를 고려해서 일사에프의 타깃 오디언스와 콘텐츠 방향을 정했다. 일사에프 구독자와 콘텐츠가 MBC뉴스나 엠빅뉴스와 겹치는 상황은 피해야 했다. 상대적으로 두 채널에 부족한 구독자를 위한 콘텐츠 제작 쪽으로 기획 방향을 정했다. MBC뉴스 오피셜과 엠빅뉴스의 구독자는 여성보다는 남성이, 1020보다는 3040이 많았다. 그래서 처음에는 18~24세 여성을 메인 타깃으로 잡았다가, 타깃층을 조금 넓혀서 20대를 아우르는 젊은 채널을 표방했다.

초기 일사에프를 대표하는 콘텐츠는 큐레이팅 뉴스였다. 큐레이팅 뉴스 〈데일리픽〉은 20대가 관심을 가질 만한 아이템 네

개를 선정하고 최대한 쉽게 풀어서 전달한다. 강다솜 아나운서가 진행하는 〈데일리픽〉은 2018년 7월 9일에 첫 발행됐다. 7월 9일 〈데일리픽〉의 아이템은 #이란_댄스 #아시아나_기내식 #제주도_세금 #리디북스였다. 여성 인권을 제한하는 샤리아 법에 저항해서 춤추는 이란 여성들, 그리고 기내식 업체에 횡포를 부린 아시아나 항공의 소식 등을 담고 있다.

〈데일리픽〉의 아이템을 선정할 때는 의도적인 뉴스 의제화를 피하려고 노력했다. 하루 20개가 넘는 아이템을 전달하는 방송 뉴스는 다양한 주제를 담고 있다. 그에 비해 3~4개의 아이템

강다솜 아나운서가 진행하는 큐레이팅 뉴스 〈데일리픽〉의 화면.
각 키워드별로 그날의 이슈를 소개한다.

을 전달하는 〈데일리픽〉은 고심해서 아이템을 선택해도 정보와 다양성이 턱없이 부족했다. 다양성이 부족한 뉴스 서비스는 자칫 의제화의 오류를 범할 수 있다.

온라인 미디어 환경에서 의제 설정 과정이 수용자와 분리된 채 일방적으로 이루어지면 우리 사회의 현실을 다르게 보이게 만들 위험이 있다. 서너 개의 아이템이 구독자에게 현재 우리 사회에서 발생한 사건 사고 중 가장 중요한 이슈로 비춰질 수도 있다는 뜻이다. 따라서 정치 관련 아이템을 배제하고 정보 전달에 초점을 맞춰서 아이템을 선정했다. 채널이 편향적으로 보이는 것을 피하기 위해서였다.

이에 제작진이 자의적으로 아이템을 선택하는 대신 SNS에서 화제가 된 콘텐츠를 따라가기로 했다. 먼저 커뮤니티와 포털, SNS를 검색해서 20대가 어떤 주제에 주목하는지 알아보았다. 그다음에 알아본 내용 중에서 괜찮은 아이템을 뽑는 방식을 선택했다.

아이템 선정 회의는 오전, 오후 두 차례 진행되었다. 오전에는 전날 발생한 뉴스 중 구독자들이 관심을 가질 만한 아이템이나 도움이 되고 알아두면 유용한 정보 위주로 발제방에 올린다. 오후에는 오전 발제 아이템에 디테일을 더해 발전시키고, 추가로 발생한 뉴스를 정리해서 제작진 투표로 최종 아이템을 선정한다.

no.	아이템	기획
1	**사람 몸에서 '돼지 심장' 뛴다… 미국서 첫 이식 수술**	미국에서 유전자를 조작한 돼지 심장을 위급 환자에게 이식하는 수술이 의료계 최초로 진행됐다. 이식받은 환자는 시한부 심장질환자로, 인체 장기를 이식받지 못해 다른 선택지가 없는 상태였다. 수술이 성공적으로 이뤄진지에 대해서는 아직 판단하기 이르다는 입장. 그러나 환자는 현재 수술 후 회복 중이며 이식된 심장은 거부 반응 없이 정상적으로 작동하고 있는 것으로 전해졌다. (수술/의사 영상)
2	**퇴근 후 가벼운 한잔 사라진다… 저무는 '맥주 4캔 1만원' 시대**	최근 커피, 라면 등 가격이 줄줄이 오르면서 맥주도 가격 인상 대열에 올라탔다. 편의점 '4캔 1만원' 행사 적용 품목도 줄어들면서, 퇴근길 캔맥주 한잔도 이제 어려워질 거란 전망이 나온다. (중략) 한편 정부가 오는 4월부터 맥주와 막걸리(탁주)에 붙는 주세를 각각 2.49%, 2.38% 인상하기로 결정한 가운데, 주류 가격 인상에 불을 지피고 있다. 이와 관련 기재부는 "맥주와 탁주에 대한 세율 인상은 주류 가격 인상 요인으로 작용하나 전체 물가에 미치는 영향은 매우 미미할 것"이라고 설명했다.
3	**정부 "먹는 치료제 도입 일정·활용 방안, 이르면 내일 공개"**	이번 주부터 사용이 예정된 코로나19 먹는 치료제의 구체적인 도입 일정이 이르면 내일(12일) 공개된다. 중앙재난안전대책본부는 먹는 치료제 도입 일정과 활용 방안 등에 대한 안내가 이르면 내일 가능할 것으로 보인다며, 관계기관과 협의 중이라고 밝혔다. (중략) 지금까지 정부가 확보한 먹는 치료제는 화이자의 팍스로비드 76만 2,000명분, 머크사의 몰누피라비르 24만 2,000명분 등 모두 100만 4,000명분.

no.	아이템	기획
4	**"으이구 적당히 마셔"…** **女 승객에 대리기사가** **보낸 문자 '소름'**	한 대리기사가 여성 승객의 연락처를 몰래 알아내 사적으로 문자메시지를 보낸 사연이 공개돼 논란이다. 작성자 A씨는 "결혼을 전제로 교제 중인 여자친구가 직접 겪은 일"이라며 "여자친구가 연말에 대리기사를 불러서 집에 왔다"며 당시 상황을 설명했다. "그런데 다음 날부터 여자친구에게 이상한 문자가 오더라. 집에 도착해 주차한 뒤 차량 주차번호판에 쓰인 번호를 본 것 같다"고 주장. A씨는 "제가 직접 B씨와 통화를 했고, 여자친구를 와이프라고 말했다"며 "B씨는 여자친구가 결혼한 줄 몰랐다며 사과하고도 그 뒤에 계속 연락한다"고 토로. "이제는 (B씨가) 다른 휴대전화 번호로 대리기사가 아닌 대리기사 회사 직원인 것처럼 연락하고 있다. 어떻게 조처해야 할지 조언 부탁드린다." (커뮤니티 글)
5	**추락한 경비행기에** **열차 덮쳐…** **10분간 두 번** **죽음 피한 조종사**	미국에서 경비행기가 고장으로 기찻길에 추락해 마주 오던 열차에 치였으나 조종사는 간발의 차이로 구조되면서 짧은 순간 두 차례 죽음의 고비를 넘겨. LA의 한 공항에서 지난 10일 남성 조종사가 몰고 가던 경비행기가 이륙 직후 엔진 문제를 일으켜 땅으로 곤두박질쳤고 하필 비행기가 추락한 곳이 통근 열차 선로였기 때문에 멀리서 달려오던 열차가 속도를 멈추지 못한 채 그대로 비행기 잔해를 덮쳤다. 현장에 출동한 LA 경찰관들은 눈앞에서 열차가 경적을 울리며 달려오는 긴박한 상황에서도 망설임 없이 비행기를 향해 뛰어들었다. #영상 LAPD 트위터

데일리 아이템 리스트. 먼저 뉴스거리가 되는 아이템을 조사해 리스트로 만들고, 그 아이템에 대한 구체적인 내용을 덧붙여 보강한다.

팀원들에게 구독자가 관심을 가질 만한 뉴스, 구독자에게 도움이 되는 콘텐츠를 만들자는 표현을 자주 했다. 하지만 기준이 너무 광범위하고 모호하다는 의견이 있어서 아이템을 주로 선택할 파트를 선정하고 그 안에서 아이템을 찾기로 했다.

'#여성 #오피스_라이프 #헬스&뷰티 #환경 #다양성 #브랜드 #애니멀 #스트리밍 #여행 #eat&drink #컬처 #주거&홈 #성(性) #레거시'로 14개의 범주를 선정했다. 일사에프라는 명칭은 여기서 정한 14개의 범주, 가치에서 출발했다. 다만 일사에프의 뜻이 디지털 콘텐츠에 맞지 않게 너무 엄숙하게 들리지 않을까 하는 우려가 있었다. "우리가 일하는 곳이 14층이니까 편하게 '14층 사람들'로 풀어보면 어떨까?" 하고 의견이 모였다. 그렇게 14층 사람들 '일사에프'가 탄생했다.

14층 사람들은 A팀, B팀으로 또다시 나뉜다. 퐁당퐁당 건너 뛰면서 하루씩 〈데일리픽〉을 맡는다. 선정된 아이템은 스크립트 완성 후 스튜디오에서 촬영한다. 보통 오후 4시경 촬영하고, 촬영본을 편집해서 다음 날 오후 9시에 발행하니까 사실 하루 늦은 뉴스다.

하루 늦은 뉴스에 대한 고민도 컸다. '초 단위로 경쟁하는 SNS 뉴스 시장에서 구독자들이 하루 늦은 뉴스를 원할까? 하루 늦은 뉴스를 소비할까?'라는 질문에 대답하기 쉽지 않았다. 그래서 뉴스의 속보성을 포기하고, 사건 사고보다 주 타깃인 20대가 관심 있어할 법한 트렌디한 아이템 위주로 뉴스를 제작했다.

일사에프는 기존 방송 뉴스와는 차별화된 방식으로 진행된다. 아나운서의 전형적인 진행 방식을 버리고, 자유로운 방식으로 구독자에게 뉴스를 전달한다. 요즘에는 구독자들이 익숙해졌지만 일사에프 오픈 당시에는 너무 빠르게 말하는 것이 아니냐는 우려도 있었다. 방송 뉴스보다 1.5배 혹은 2배 빠른 속도로 스크립트를 읽었다. 국내 최초 모바일 뉴스쇼의 얼굴로 정해진 강다솜 아나운서는 당시 심정을 이렇게 밝힌 적이 있다.

"평소 말이 느린 편인데 굉장히 빠르게 해야 하고 어휘도 아나운서가 써도 될까 싶은 단어들이 많다. 말투도 억양, 업다운이 굉장히 심하다. 오버해야 하는 부분도 있는데 비호감으로 비쳐질 수 있어 고민이 많았다."

강다솜 아나운서의 캐릭터를 설정할 때 두 가지 톤을 두고 고민했다. '내가 알려주는 뉴스만 들으면 세상 어떻게 돌아가는지 알 수 있어'라는 센 캐릭터. 다른 하나는 '이거 한번 들어볼래? 세상 어떻게 돌아가는지 이해할 때 도움이 될 거야'라는 옆집 언니 캐릭터. 고심 끝에 후자를 선택했다. '친한 옆집 언니가 알려주는 빠르고 똑똑한 뉴스'로 일사에프의 톤 앤 매너가 정해졌다. 친근하게 다가서기 위해 '존맛탱', '개이득' 같은 신조어 사용도 피하지 않기로 했다. 방송 뉴스만 제작하던 우리들에게는 꽤 파격적인 선택이었다.

내 손 안의 뉴스

틱톡, 숏츠, 릴스 세로형 숏폼 콘텐츠가 대세다. 늘 시간이 부족한 현대인에게 장소 제약 없이 휴대폰에 꽉 찬 영상을 쉴 새 없이 틀어주는 숏폼 플랫폼의 인기는 식을 줄 모른다. 말 그대로 내 손 안의 TV다. 2016년 '15초 동영상'이라는 콘셉트로 틱톡이 등장했다. 세로형 숏폼 콘텐츠 '틱톡'을 자연스럽게 소비하는 MZ세대를 보면서 신선함을 느꼈다. MZ세대는 본 투 비 모바일이기 때문에 세로형 콘텐츠를 아무런 저항 없이 즐긴다.

그렇다면 뉴스 콘텐츠는 어떨까? MZ에 친숙한 인터페이스를 구현하고 싶었다. 세로형 모바일 뉴스쇼! 참신한 기획이란 생각도 잠시, 세로형 숏폼 콘셉트 뉴스에서 문제점이 보이기 시작했다. 세로형 뉴스 소비에 어려움은 없을까? 제보용으로 전달받은 세로 영상을 피치 못해 뉴스에 사용하는 경우는 있지만, 보통 뉴스 영상은 16:9로 촬영된다. 사건 사고가 발생한 현장을 자세히 설명하기 위해 최대한 와이드한 영상을 추구한다. 그런데 뉴스에 세로 영상을 사용하는 것은 16:9 영상이 가진 서사적 장점을 일부러 포기하는 것과 같다. 16:9로 촬영된 영상의 좌우를 잘라내면 현장 상황의 왜곡을 일으킬 수도 있다.

분량에 대한 고민도 있었다. 숏폼이 인기인 건 알겠는데 뉴스의 메시지를 제대로 전달하기에는 1분 남짓한 시간이 너무 짧았다. 인지한 세로형 숏폼 뉴스의 문제점 해결 방법은 실험을 통한 검증뿐이었다. 처음 기획한 대로 모바일 콘텐츠를 제작하면서, 문제가 발생하면 그때그때 해결하기로 했다. 주 시청층인 2030의 반응을 지켜보면서 콘텐츠의 형태를 차츰 바꾸자는 생각이었다.

우려와 달리 처음엔 낯설어하던 구독자들도 세로형 뉴스 콘텐츠에 조금씩 익숙해졌다. 낯설지만 독특한 형식이 주는 장점도 있었다. 화면을 꽉 채운 아나운서는 바로 눈앞에서 뉴스를 읽어주는 듯했다. 옆집에 살고 있을 듯한 언니가 정확한 발음과 빠른 설명으로 1분 안에 내용을 전달한다. 직관적인 영상과 밈은 시청자의 시선을 사로잡았다. 그렇게 〈데일리픽〉만의 차별화된 모바일 뉴스쇼 형식이 완성되었다.

정리하자면, 일사에프는 MZ를 위한 하루 늦은 모바일 뉴스쇼로 시작했다. 세로형 숏폼 콘텐츠로, 사건 사고보다는 트렌드를 따라가는 뉴스다. 돌이켜보면 꽤 파격적인 기획이었다. 이 기획은 실패와 성공을 반복했다. 2018년 12월, 오픈 4개월쯤 지났을 때 일사에프 모바일 뉴스쇼 기획은 실패했다고 판단했다. 진행 방식과 세로형 콘텐츠로 차별화했지만, 사건 사고를 지양하는 하루 늦은 뉴스로 유튜브와 SNS 뉴스 시장에서 성공하기란 사실상 어려워 보였다. 타 방송사에서 운영하는 채널에서 실시간으로 보도되는 사건 사고 뉴스를 보면서 기획에 수정이 필요하다고 확신하게 됐다.

하루 늦은 뉴스 제작이 처음부터 잘못된 판단이란 생각이 들었다. 레거시 방송사의 가장 큰 장점은 아카이브 영상이다. 하루에도 전국에서 촬영되는 수많은 사건 사고 영상이 아카이브에 저장된다. 아카이브에 저장된 영상을 버려둔 채 한 분기 혹은 반년 이상 지속된 트렌드 아이템 위주의 뉴스 제작이 차별화된 생존 전략일까? 우리가 레거시 방송사의 가장 큰 무기를 두고 전쟁터에 나간 것은 아닐까 하는 생각이 들었다.

네 개씩 발행되던 아이템 개수를 줄이고 당일 발생한 사건, 사고와 정보 위주로 〈데일리픽〉을 개편했다. 뉴스 러닝타임을

1~2분에서 2~3분 정도로 늘리고 CG와 영상의 디테일을 추가하는 방식으로 변화시켰다. 정보, 트렌드 뉴스를 전달하는 신규 코너 〈이슈픽〉을 시작했다.

강다솜의 〈데일리픽〉은 지금 5주년을 앞두고 있다. 수치로 따지면 1,000개가 넘는 〈데일리픽〉이 제작됐다. 4년이란 시간 동안 영원할 것 같던 수많은 SNS 콘텐츠가 사라졌다. 아직까지 유튜브, 페이스북, 틱톡 등 여러 플랫폼에서 버티고 있는 것만으로 온라인 뉴스쇼 〈데일리픽〉의 기획이 절반의 성공은 이루지 않았나 싶다.

일사에프 개설 6개월 후쯤에 틱톡에서 자신들에게 꼭 필요한 뉴스 콘텐츠라며 채널 개설이 가능한지 물어왔다. 하지만 1분 이내의 영상만 업로드 가능한 틱톡에 〈데일리픽〉을 올리려면 콘텐츠를 쪼개야 했다. 큐레이팅 뉴스라는 콘셉트에 맞지 않았다. 무엇보다 틱톡이 뉴스를 소비하기에 적절한 플랫폼일까 하는 의문이 들었다. 첫 제안 후 2년 뒤, 비약적으로 성장한 틱톡은 업로드 가능 시간을 5분까지 늘려주겠다며 일사에프를 위한 차별적 서비스를 제안했다.

틱톡에 채널을 개설한 후 〈데일리픽〉에 대한 평가가 완전히 바뀌었다. 틱톡 구독자 수가 5만 명에 불과한데 조회 수는 50만,

100만까지 치솟았다. 플랫폼에 따라 일사에프 콘텐츠의 평가와 영향력이 바뀌는 것을 확인했다. 숏폼 콘텐츠의 성장에 힘입어 2022년부터는 네이버, 카카오와 콘텐츠 공급 계약을 맺고 유료로 〈데일리픽〉을 공급하고 있다. 콘텐츠는 시기와 상황에 따라 성공과 실패를 반복한다. 문제점을 수정하면서 꾸준히 제작하다 보면 언젠가는 빛을 보는 시기와 상황을 만날 수 있다.

일사에프

가치 대신
일상을 파고들 것

플랫폼을 주로 소비하는 시청자에게 최적화된 콘텐츠가 성공한다. 기획부터 SNS와 OTT에 맞춰야 한다. 그 기획은 SNS를 사용하는 이들의 취향에 맞춰서 제작돼야 한다. 그러면 콘텐츠가 유통되는 플랫폼을 이해하는 것이 중요하다.

스브스뉴스, 엠빅뉴스, 일사에프
뭐가 다른 거야?

스브스뉴스, 비디오머그, 엠빅뉴스, 일사에프, 다 같은 지상파 방송사의 서브 채널 같은데 뭐가 다른 걸까? 제작 주체만 다른 걸까?

국내 뉴미디어 뉴스 시장은 2015년부터 본격적으로 성장했다. 페이스북을 거점으로 레거시가 아닌 새로운 물결을 만들어내는 미디어가 생겨나기 시작했다. 닷페이스, 씨리얼, 스브스뉴스, 비디오머그, 엠빅뉴스 등 이른바 서브 브랜드 혹은 특정 관심 분야를 전문적으로 다루는 버티컬 채널이 이 시기에 탄생했다. TV 뉴스에 지친 이들이 새로운 영상 문법으로 무장한 뉴미디어 뉴스 콘텐츠에 눈을 돌리기 시작한 것이다.

2015년 당시 방송 뉴스가 변형된 콘텐츠를 제작하는 방송사 서브 브랜드들과 독립 버티컬 채널들은 유튜브보다 페이스북에서 더 활발하게 활동했다. 스브스뉴스는 카드뉴스를 통해 페이스북에서 급성장했다. SBS뉴스의 서브브랜드 스브스뉴스는 2015년 페이스북에 이어 유튜브 채널도 개설했다. SBS가 '자신 있게 내놓은 자식들'이란 슬로건을 걸고 20대 젊은 시청층을 공략했다. 그 결과, 현재까지 유튜브 조회 수 9억 뷰를 자랑한다.

스브스뉴스가 인기를 얻으면서 타 방송사의 서브 채널들이 생겨나기 시작했다. 비디오머그, 엠빅뉴스, 크랩 등 방송사 서브 브랜드가 연이어 등장했고 유튜브와 SNS 플랫폼에서 뉴스 소비를 늘리는 데 크게 기여했다.

스브스뉴스는 기존 뉴스 영상 문법과 확연히 다른 방식으로 구독자에게 어필했다. 2~3분 분량의 자막뉴스와 카드뉴스가 대표적인 콘텐츠다. 유명 연예인이나 기자, 앵커가 출연하는 방식을 버리고 제작진들이 직접 출연해서 구독자와 출연진의 거리감을 좁혔다. 연반인이라 불리는 〈문명특급〉의 재재가 스브스뉴스의 대표적인 출연진이다.

SBS는 2016년 또 하나의 서브 브랜드 '비디오머그'를 선보인다. MBC도 2017년 '엠빅뉴스'를 개설했다. 편성 시간에 제약이 없는 특성 때문에 때로는 TV보다 빠르게 뉴스를 전달했다. 어렵고 이해하기 힘든 뉴스를 쉽게 풀어 설명하면서 유튜브에서 인기를 얻었다. 2017년부터 2018년까지 서브 브랜드, 버티컬 뉴스 채널들이 페이스북에서 자리를 옮기면서 유튜브에서는 뉴스 채널의 빅뱅이 일어났다.

이후 수많은 서브 브랜드, 버티컬 뉴스 채널이 생겨나고 또 사라졌다. 스브스뉴스와 비디오머그, 엠빅뉴스는 생존을 위해 끊임없이 변화하면서 성장했다. 현재 스브스뉴스는 83만 구독자를 달성했다. 스브스뉴스에서 독립한 〈문명특급〉은 185만 명의 구독자를 자랑한다. 모 브랜드인 스브스뉴스 구독자의 2배가 넘는 구독자 수다. 비디오머그는 118만 명, 엠빅뉴스는 100만 명의 구독자를 얻었다.

스브스뉴스, 비디오머그, 엠빅뉴스 모두 뉴스를 다루고는 있지만 콘셉트가 조금씩 다르다. 그중에서도 스브스뉴스는 연성뉴스에 가까운 변종이다. 지금이야 익숙하지만 당시에는 찾아보기 힘든 완전히 새로운 형태의 뉴스였다. 굳이 해외에서 유사한 사례를 찾자면 'VOX'를 들 수 있다. 미국의 대표적인 뉴미디어 채널로 7분에서 10분 분량으로 시사적인 주제의 동영상을 주로 제작한다.

앞서 언급한 것처럼 스브스뉴스는 제작진이 직접 출연하고 내레이션까지 담당한다. 비디오머그와 엠빅뉴스는 빠른 템포의 영상과 감각적인 자막을 통해 기존 뉴스를 매시업 한다. 매시업의 사전적 의미는 서로 다른 음악 또는 이미지를 부분적으로 결합해 녹음된 음악이나 비디오라는 뜻이다. 방송계에서는 서로 다른 것들이 어우러진 하나의 콘텐츠라는 의미로 사용한다. 물론 오리지널 콘텐츠도 제작한다.

일사에프의 콘셉트는 모바일 큐레이팅 뉴스쇼였다. 앞서 언급한 스브스뉴스와 비디오머그, 엠빅뉴스에 비해 짧게는 1년, 길게는 3년 늦게 출발한 서브 브랜드의 후발주자였으므로 이미 많은 구독자를 보유한 채널들과 경쟁하기 위해선 차별화된 콘셉트가 필요했다. 비디오머그와 엠빅뉴스의 주요 콘텐츠인 자막뉴스 콘텐츠도 제작하지만 강다솜 아나운서의 〈데일리픽〉처럼 화자를 내세워 콘텐츠를 진행하는 형식을 주로 취한다. 유수진의 〈아이돈케어〉, 조현용의 〈소비더머니〉, 김바비의 〈돈슐랭〉처럼 진행자가 있는 코너를 계속 기획했다. 기자가 인플루언서가 되고, 인플루언서가 진행자가 되면서 코너도 늘어났고 채널도 성장할 수 있었다.

저널리즘 찾지 말고
그냥 유용한 정보 콘텐츠

엠빅뉴스와 콘텐츠, 타깃 오디언스가 겹치는 것을 방지하기 위해 상대적으로 가벼운 톤을 취했다. 뉴스 형식에 얽매이지 않으려고 예능 요소를 많이 넣었다. 예능 영상과 밈을 활용해 뉴스를 제작하거나 예능 형식의 콘텐츠로 뉴스를 전달하기도 한다. 현재는 독립한 〈별다리 유니버스〉가 초기 일사에프의 한 코너였다. 〈별다리 유니버스〉는 외국인 출연자들의 시선으로 국내외 시사, 문화를 리뷰한다. 무겁고 어려운 주제를 최대한 쉽고 즐겁게 이해하는 방식으로 기획했다.

콘텐츠 트렌드가 워낙 빨리 바뀌기 때문에 코너 제작 시 정해진 형식 없이 자유롭게 변형하는 것 역시 일사에프의 특징이다. 채널 11번에 보도, 예능, 드라마, 시사교양 콘텐츠가 혼재돼서 방송되는 것처럼 주제에 맞는 형식을 취하면 된다고 생각했다. 체계가 없는 것처럼 보일 수 있지만, 아이템에 대해 가장 오래 고민한 제작진이 선택한 형식이 메시지 전달에 더 효과적이리라고 판단했다.

〈데일리픽〉은 방송 뉴스를 디지털 플랫폼에 맞게 바꿔서 옮

겨온 콘텐츠다. 내비게이션과 그래픽, 자유로운 톤 앤 매너를 통해 방송보다 캐주얼한 느낌을 주려고 했다.

일사에프 시작 무렵, 디지털 뉴스 시장은 이미 레드오션이었다. 수많은 뉴스 콘텐츠 속에서 비슷한 주제를 다룬다면 성장은 커녕 생존도 힘들어 보였다. 채널 오픈 후 4개월이 지났지만, 구독자 수 3,000명선에 머물러 있었다. 변화가 필요했다. 가치에 집착하지 말고 '이런 것까지 알아야 할까?' 싶을 만큼 소소한 주제를 다뤄보면 어떨까 하는 생각이 들었다. 뉴스 제작자가 모두 저널리스트가 될 필요는 없다. 뉴스 같지 않은 뉴스를 만들자! '엄근진'한 표정으로 "이 뉴스는 꼭 알아야 해" 하는 것이 아니라 별것 아닌데 한번 같이 알아보자는 분위기의 콘텐츠를 제작하기로 했다.

정말 '유튜브'스러운 콘텐츠

회의 끝에 플랫폼에 어울리는, 정말 유튜브스러운 콘텐츠를 제작하기로 했다. 정인혜, 이민지 PD가 기획한 〈무엇이든 물어봐 앙!〉 코너가 시작을 맡았다. 알고는 싶은데 주위에 물어보기는 어색하고 쉽게 찾을 수도 없는 관심사 위주로 아이템으로 선정했다.

첫 주제는 '여성의 질'이었다. 렌덤플레이댄스로 유명한 약사 고퇴경 씨를 섭외하고, 여성의 질과 관련된 질문에 답해주는 방향으로 기획을 했다. 생리통 약을 계속 먹으면 생리주기에 영향을 미치는지, 피임약이 어떻게 작동하는지 등 생리통과 피임약 등에 관한 질문을 쉽게 풀어 설명했다. 질문하기는 부끄럽지만 꼭 알아야 할 지식을 유튜브에서 쉽게 찾아서 혼자 볼 수 있게 만들자는 취지였다. 반응이 나쁘지 않았다. 조회 수는 4만이 넘었고 호의적인 댓글도 어렵지 않게 찾아 볼 수 있었다.

질의 삶이라고 하셨지만 생리통과 피임에 관련된 내용만 있어서 조금 아쉽네요. 4분짜리 짧은 영상이라 많은 정보를 못 담으신 거겠지만 혹시 다음 영상을 계획 중이시라면 질(자궁) 건강에 좋은 습관이나 식품, 질염 예방법 등 다양한 내용을 다루어주시면 더욱 좋을 것 같아요!

남성들도 알아두면 좋은 상식이네요. 좋은 정보 감사합니다.

댓글을 보면서 조금씩 자신감을 얻었다. 유튜브는 매체 특성상 혼자 볼 수 있는 콘텐츠가 먹힌다. 거기에 필요한 정보까지 넣는다면? 레드오션이지만 생존할 수 있을지도 모른다는 생각이 들었다.

두 번째 주제는 '타투'였다. 한국은 타투 시술이 사실상 불법으로 규정된 유일한 나라다. 타투를 의료 행위로 보고 있어서다. 하지만 합법화해서 제도 위에 올려놓고 관리하자는 주장도 끊이질 않는다. 타투이스트들에게 한국 타투 시장에 대한 솔직한 이야기를 들어보기로 했다.

타투에 관심 있는 이들에게 질문을 받아 타투이스트들이 직접 답변하는 식으로 진행했다. 타투가 불법인 이유, 불법이기 때문에 생기는 문제점 등을 다뤘다. 타투이스트란 무엇이며 직업적으로 어떤 장점이 있는지, 타투를 하면 많이 아픈지, 특히 아픈 부위가 있는지 같은 질문을 나눴다. 타투 인구가 300만인데 시술은 불법인, 이해할 수 없는 국내 사정에 대한 질문에서 시작된 이 콘텐츠는 '어쨌든 몸에 새겨 평생 함께 가는 것이기에 신중해야 한다'는 다소 뻔한 메시지로 끝을 맺었다.

이후 두 편의 〈무엇이든 물어봐 앙!〉를 더 제작했다. 그중 네 번째 콘텐츠였던 유수진 씨의 '재테크' 아이템이 예상 밖의 큰 반응을 얻으면서, 〈무엇이든 물어봐 앙!〉은 재테크에 포커스를 맞춘 코너로 방향을 틀어 이름을 바꾸고 〈아이돈케어〉로 재탄생했다. 이후 〈현변의 생존법률가이드〉, 〈나해란의 대숲정신과〉 등 인플루언서가 진행하는 코너가 연이어 탄생했다. 김정현, 이영은 아나운서가 직접 출연해서 여행을 떠나가거나 특정 장소를 탐방하는 우당탕탕 〈절.대.클.릭.해〉 같은 브이로그와 '비둘기가 날갯짓을 할 때마다 사람에게 병균을 옮긴다' 혹은 '비둘기는 사람이 지나가도 일부러 피하지 않는다'는 식의 비둘기 괴담 등을 다룬 콘텐츠도 제작했다. "이런 것까지 알아야 해?" 되묻게 만드는 종류의 콘텐츠들이었다. 이렇게 일사에프는 뉴스에서 콘텐츠 제작팀으로의 변신과 도약을 시도했다.

너무 당연한 말이지만, 제작진이 만든 콘텐츠를 시청자가 소비하는 것이 아니라, 구독자가 소비할 만한 콘텐츠가 제작되는 것이다. 플랫폼을 소비하는 시청자에게 최적화된 콘텐츠가 성공한다. 기획부터 SNS와 OTT에 맞춰야 한다. 그 기획은 SNS를 사용하는 이들의 취향에 맞춰서 제작돼야 한다. 그러려면 콘텐츠가 유통되는 플랫폼을 이해하는 것이 중요하다. 제대로 이해하려면 충분한 모니터링과 모방이 필요하다. 방송과 유튜브의 문법은 분명한 차이가 있다. 방송의 문법을 유튜브에 맞춰 수정하는 대신 유튜브에 맞는 새로운 기획을 필요가 있다.

아이돈케어

내가 아니라 남이 보고 싶어 하는 것을 만들어라

신규 콘텐츠 조회 수가 1만을 넘기기도 힘들던 그저 그런 채널이 구독자가 원하는 콘텐츠를 제작함으로써 사람들의 관심을 받기 시작했고, 나아가 콘텐츠가 기다려지는 채널이 됐다.

6개월을 했는데
조회 수가 고작 5,000?

2022년 12월 기준으로 유튜브 일사에프는 164만 명의 구독자를 보유한 채널이 됐다. 4년 전 구독자 수를 찾아봤더니 2018년 11월 22일, 일사에프 유튜브 채널의 구독자 수는 4,618명이었다. 당시에는 크게 걱정스러운 숫자는 아니었다. 채널의 문을 연 지 몇 개월 안 됐고, 콘텐츠도 큐레이션 뉴스 하나만 제작하던 때였으니까. 그렇지만 콘텐츠 개수가 적은 것을 감안해도 성장 자체가 많이 더디기는 했다.

하루는 콘텐츠를 분석하려고 전체적으로 유튜브 채널을 살펴보다가 나도 모르게 입에서 "오 마이 갓"이 튀어나왔다. 한 달 전에 만든 것도, 두 달 전에 만든 것도 조회 수가 5,000에 그쳐 있었다. 심지어 2,000인 것도 있었다. 처참한 숫자에 말문이 막혔다. 조회 수 1만이 넘는 콘텐츠도 가끔 있었지만, 5,000을 넘는 콘텐츠가 정말 드물었다. 20명 넘는 인력이 달라붙었는데 평균 조회 수 5,000이라니 무언가 심각하게 잘못된 느낌이었다.

곧바로 대책 회의가 소집됐다. 회의 주제는 간단하고 명료했다. 조회 수가 나올 만한 지식 정보 콘텐츠의 발굴이었다. 며칠간 회의를 거듭한 끝에 첫 아이템이 고양이로 결정됐다. 2018년에도 인터넷으로 고양이 영상을 보며 마음의 위안을 찾는 사람들이 많았기 때문이다. 어떻게 만들어야 많은 사람의 눈길을 끌 수 있을까? 고민하며 열심히 자료를 찾다가 사람들이 고양이에 대해 잘못 알고 있는 사실과 키우기 전 꼭 알아야 할 내용을 발견했다. 고양이가 주제라면 많은 사람의 관심을 끌 수 있지 않을까? 단순히 관심을 끄는 데서 그치지 않고, 새로운 정보도 전달할 수 있으니 일석 이조였다.

2018년 12월 27일, 1편이 올라간 고양이 특집은 첫 공개 이후 사흘 동안 조회 수가 2,500회에 그쳤다. 즐거워야 할 연말이 우울하기만 했다. 기대만큼 실망도 컸기에 우리의 고민은 더욱 깊어졌다.

20대에게 진짜 필요했던
콘텐츠, 재테크

2019년 새해를 맞았지만 좀처럼 늘지 않는 고양이 특집 조회 수 때문에 제작진 모두 기운이 없었다. 내용도 나쁘지 않고 댓글 반응도 괜찮았는데 왜 사람들이 안 보는 것일까? 유튜브 알고리즘 때문일까? 아니면 주제 선택을 아예 잘못한 것일까? 조회 수가 나오지 않으니 별의별 생각이 다 들었다. 그렇다고 한탄만 하고 있을 수는 없었다.

'과연 우리 구독자들이 고양이 양육법을 궁금해했을까?'

회의에서 웃음기 쏙 빠진 의견이 나왔다. 사람들이 보고 싶은 것은 고양이의 귀여운 행동이지, 양육법은 다른 영역이라는 것이다. 일리 있는 말이었지만, 수학 문제처럼 똑 떨어지는 정답이 없다 보니 혼란스럽기만 했다. 이런 의견이 나오면 이 말이 맞는 것 같고, 저런 의견이 나오면 저 말이 맞는 것 같았다. 다만 확실히 깨달은 것이 하나 있었다.

'내가 보고 싶은 것이 아니라 남들이 보고 싶어 하는 것을 만들어야 한다.'

동영상을 포함해 대중에게 콘텐츠를 평가받는 직업에 종사 중이라면 이 말에 많이들 공감할 것이다. 마치 깨달음을 얻으려는 자가 진리를 마주했을 때처럼, 이 말은 지금도 나를 숙연하게 만든다. 남들이 보고 싶어 할 콘텐츠를 찾기 위해 회의는 계속됐다.

한 시간을 넘긴 회의를 잠시 멈추고 머리도 좀 식힐 겸 건물 밖으로 나가서 티타임을 가졌다. 후배들과 몇 마디 주고받다 보니 그들의 고민도 알게 되었다. 시간이 꽤 흘렀지만 이것 하나는 분명히 기억난다. 일도 잘하고 싶지만 무엇보다 돈을 많이 벌어서 서울에 내 집을 장만하고 싶다는 말. 다른 후배들도 그게 꿈이라고 했다. 자연스럽게 재테크 이야기가 이어졌고 각자 지금 하고 있는 재테크 방법을 공유했다.

갑자기 재테크 모임이 돼버린 상황이 신기하면서도 놀라웠다. 내가 20대일 때는 돈을 벌면 쓰기 바빴고, 재테크는 돈 많이 벌면 해야겠다고 생각만 했었는데 말이다. 지금 20대 청년들은 재테크도 잘했다. 물가와 부동산 때문에 어쩔 수 없이 하는 비자발적 강제 재테크라고 말했지만, 이들의 관심사에 취업과 연애, 자기계발뿐만 아니라 돈까지 포함돼 있다는 것은 분명했다. 후배들은 입을 모아 말했다.

"청년들 주머니 사정 잘 알고 거기에 맞춰서 무엇을 해야 할지 기본부터 자세하게 알려주는 재테크 콘텐츠를 만들면 20대들

진짜 많이 볼 거예요."

이런 이야기를 듣자 사실 여부부터 알아봐야겠다는 생각이 들었다. 다른 20대들도 진짜로 관심 있고, 해보고 싶은데 몰라서 못하고 있는 것일까? 하나부터 차근차근 알려주면 따라 할 생각이 있을까? 팀원들을 상대로 조사해보니 내용만 어렵지 않다면 무조건 볼 것 같다고 했다. 폭발적인 반응이었다.

일단 재테크에 대해 하나도 모르는 사회 초년생을 위한, 초보 중의 초보적인 내용을 다루기로 했다. 주식이나 부동산 같은 투자 이야기를 주로 할 것이 아니었으므로 자산관리 전문가면서 2030에게 친근한 인플루언서가 필요했다. 그때 팀원 중 하나가 《부자 언니 1억 만들기》를 쓴 유수진 씨를 적극 추천했다. 보험회사 자산관리사로 시작해 경제적 자유를 이뤄낸 그녀는 당시 사회 초년생들에게 선망의 대상이었다.

〈무엇이든 물어봐 앙!〉 제작진은 '사회 초년생들이 재테크를 잘하는 방법'을 네 번째 주제로 정하고 유수진 씨를 섭외했다. 이 콘텐츠가 그야말로 대박이 난 덕에 〈무엇이든 물어봐 앙!〉을 폐지하고 유수진 씨를 진행자로 하는 재테크 코너인 〈아이돈케어〉를 세상에 내놓게 됐다. 그 뒤 〈아이돈케어〉 덕에 일사에프는 지금처럼 성장할 수 있었다.

조회 수 5,000에서 50만으로
<아이돈케어>

〈아이돈케어〉의 초기 제작 과정은 순탄하지 않았다. 일단 코너를 맡아 원고를 써줄 작가가 없었다. 채용 공고를 내고 싶어도 일사에프가 무슨 팀인지 정확히 아는 사람이 없는 상황이었다. 공고를 낸다 한들 언제 뽑힐지도 알 수 없었다. 작가가 올 때까지 제작 PD 둘이서 〈아이돈케어〉를 맡아서 진행해야 하는 상황이었다.

재테크를 해본 적 없는 두 PD가 기댈 곳은 출연자인 유수진 씨뿐이었다. 제작진의 사정을 들은 유수진 씨는 직접 아이템도 선정하고 구성까지 준비해주었다. 지금 떠올려도 너무나 고마운 일이다. 출연자의 도움으로 제작진은 촬영 준비에 집중할 수 있었고 우여곡절 끝에 첫 번째 촬영을 마칠 수 있었다.

당시 유수진 씨는 원고 한 장 없이 자신의 경험을 바탕으로 이야기를 풀어냈는데, 마치 옆집 부자 언니가 동생들한테 설명해주는 느낌이었다. 멘트 하나하나가 귀에 쏙쏙 들어왔다. 유수진 씨의 설명은 누구든지 따라 하면 실패할 수가 없는 필승 비법에 가까웠다. 말 그대로 떠먹여주는 수준이었다.

이제 사회 초년생들이 이해하기 쉽도록 잘 포장해서 공개하는 일만 남았는데, 편집 과정에서 또 문제가 드러났다. 당시 투입된 제작 인력은 PD 두 명과 그래픽 디자이너 한 명이었는데, 공교롭게도 세 명 모두 재테크를 잘 모르는 재린이(재테크+어린이)였다.

초보자들이 원고 하나 없이 재테크 콘텐츠를 제작하니 문제가 안 생길 수가 없었다. 이해가 안 돼서 똑같은 내용을 몇 번씩 반복해 듣고, 쉽게 알려주기 위해 그래픽까지 만든 다음에도 이렇게 설명하는 것이 맞나 틀리나를 계속해서 따져봤다. 의욕이 앞선 나머지 현실을 직시하지 못해 벌어진 해프닝이었다. 제작 초기에는 내용을 이해하는 시간이 편집에 쓴 시간만큼 걸렸던 것 같다.

20대 제작진 세 명이 영혼까지 탈탈 털어가며 만들어낸 〈아이돈케어〉 첫 콘텐츠 주제는 '돈에 대한 세 가지 팩트체크'였다. 20대가 목돈을 마련하기 위해 해야 할 첫걸음으로 신용카드, 통장 분리, 학자금 대출과 관련된 내용을 다뤘다.

부자 언니의 직설적이면서도 진심에서 우러나온 조언이 청년들의 뇌리에 꽂힌 덕인지, 2019년 3월 25일 올라간 이 콘텐츠는 20일 만에 조회 수 1만을 기록했다. 60일이 지나자 30만, 140일

일사에프의 첫 대박 코너 <아이돈케어>.
현실적인 20대의 재테크 방법을 소개해 좋은 반응을 얻었다.

이 지나자 50만을 넘겼다. 주제 선정과 난이도 조절 등의 이유로 콘텐츠를 2주일에 한 번씩 공개했는데 올릴 때마다 구독자의 큰 사랑을 받았다. 특히 2019년 4월 29일 올린 '전세 대출' 관련 콘텐츠는 조회 수 50만을 넘기기까지 불과 22일밖에 안 걸렸고, 5월 13일에 올린 '청약 통장' 콘텐츠는 50만까지 딱 40일이 걸렸다. 대박이 난 것이다.

구독자가 원하는 콘텐츠를 제작함으로써, 신규 콘텐츠 조회 수가 1만을 넘기기도 힘들던 그저 그런 채널이 사람들의 관심을 받기 시작했고, 나아가 콘텐츠가 기다려지는 채널이 됐다.

한참 제작에 열중하던 그때는 잘 몰랐지만, 시간이 지나 시즌 종료한 코너들을 분석하다 보니 <아이돈케어>가 일사에프의 대표 콘텐츠라는 사실을 다시 한번 깨닫게 됐다. 〈아이돈케어〉는 2019년 3월부터 2021년 7월까지 2년 5개월간 65개의 콘텐츠가 제작됐는데, 일사에프 채널 전체 구독자 수의 약 40%인 55만 명이 이 코너를 보기 위해 구독 버튼을 눌렀다.

소비더머니

인플루언서는
최고의 아이템

인플루언서는 채널을 대표하는 콘텐츠의 주인공이 될 수도 있고, 반대로 채널을 한순간에 망하게 만들 수도 있다. 한번 공개된 콘텐츠는 삭제하더라도 오랫동안 온라인 이곳저곳에서 다시 만날 수 있다는 사실을 잊지 말아야 한다.

왜 인플루언서가 필요한가?

일사에프 채널이 생긴 이후부터 지금까지 인플루언서가 출연한 코너는 모두 몇 개나 될까? 코너 목록을 뒤져보니 40개가 넘는다. 대표 콘텐츠로는 〈아이돈케어〉, 〈소비더머니〉, 〈돈슐랭〉, 〈주락이월드〉, 〈고기앤더시티〉 등이 있다. 전체 코너 가운데 인플루언서가 출연한 코너의 비율은 60%가 넘는다.

제작진 수십 명이 밤낮으로 고군분투하는데 인기작과 실패작이 수도 없이 나오는 이 상황에서 인플루언서가 출연한 코너 비율이 60%가 넘는다는 것은 분명 이유가 있을 것이다. 그 이유가 도대체 무엇일까?

앞서 언급했듯 일사에프의 초기 콘텐츠는 뉴스였다. 딱딱한 뉴스를 구독자에게 재미있고, 이해하기 쉽게 전달하려고 했다. 그래서 아나운서가 소개하는 큐레이션 뉴스와 영상 중심의 자막 뉴스를 각각 제작했다. 두 방식의 차이점은 하나는 진행자가 있고, 다른 하나는 없다는 것이다.

두 가지 방식의 6개월치 뉴스 콘텐츠를 비교 분석한 적이 있다. 조회 수는 아이템에 따라 달라지니 어떤 방식이 더 나은지 따져보는 것에 큰 의미가 없었지만, 구독자 반응은 확연히 달랐다. 자막뉴스에 대한 반응은 대부분 내용의 사실 여부나 콘텐츠에 대한 평가 위주의 댓글이지만, 큐레이션 뉴스의 반응은 아니었다. 뉴스 내용은 물론 진행자의 표정과 몸짓, 감정 표현, 심지어 패션에까지 관심을 보인다. 진행자의 말과 행동은 구독자들의 눈과 귀에 적지 않은 영향을 미쳤다. 콘텐츠의 지속 가능성과 관련될 만큼, 아주 중요한 정보를 파악한 셈이었다.

영상만으로도 정보 전달은 가능하지만, 전문가가 직접 얼굴을 보이며 설명해주는 것만은 못하다. 선거철만 되면 잘 정리된 공약집을 집마다 배포하고도, 정치인들이 하루에 몇 번씩 번화가로 나가 사람들 앞에서 연설하는 데는 다 이유가 있는 것이다.

일사에프는 쉽고 재미있는 지식 정보 콘텐츠를 목표로 정했다. 그러려면 내용은 정확하고, 영상은 재미있으며, 구독자들이 쉽게 이해할 수 있어야 한다. 현업에 적용하면 정확한 내용은 작가의 역할이요, 구독자의 시선을 사로잡는 재미있는 편집은 PD의 역할이며, 구독자의 귀를 사로잡는 입담은 인플루언서의 역할이다. 사실 콘텐츠 제작은 이게 전부다. 이 세 가지 요소가 균형을 이룬다면 제작자로서 더 이상 무엇을 바라겠는가?

콘텐츠가 성공하려면 구독자가 원하는 것을 알아내고, 만들어내면 된다. 사업 초기 우리는 구독자들이 재미있으면서도 해박한 지식을 갖춘 인플루언서를 원한다고 판단했다. 그런 인물들을 찾아내 콘텐츠의 성격과 분위기에 맞게 조율했다. 이런 과정을 거치면 나쁜 결과가 나오기도 힘들다. 물론 처음에는 모든 것이 어렵다. 채널 인지도가 거의 없던 시절에는 인플루언서 섭외가 특히 어려웠는데, 지금은 먼저 연락이 오기도 한다. 섭외 요청도 흔쾌히 승낙해주는 분이 많아서 감사할 따름이다.

영향력 있는 인플루언서 = 1타 강사

보통 영향력 있는 사람을 인플루언서라고 한다. 영향력이 정확하게 어떤 의미인지 사전을 찾아보니 '어떤 사물의 효과

나 작용이 다른 것에 미치는 힘. 또는 그 크기나 정도'라고 정의
돼 있다. 이 개념을 디지털 콘텐츠 세계에 적용하면, 인플루언서
가 조회 수와 구독자에게 영향을 미치는 전문가라고 해도 크게
이상하지는 않을 것 같다.

그렇다면 조회 수가 얼마나 나와야 구독자에게 영향을 미친
다고 할 수 있을까? 이것은 정말로 개인적이고 주관적인 문제여
서 콕 짚어 정답을 말할 수 없다. 그래도 기준이 있어야 하니 임
의로 콘텐츠 업로드 후 일주일 동안 조회 수가 13만이면 영향력
이 있다고 해보자. 왜 굳이 13만이냐고?

2022년 기준으로 우리나라 전체 인구는 약 5,100만 명이다. 일
사에프 채널의 타깃 연령층인 20대(20~29세)는 약 660만 명, 30대
(30~39세)는 약 670만 명으로 2030의 총 인구수는 약 1,330만 명
에 이른다. 13만은 2030 전체 인구수의 1%가량이다. 100명 중
한 명은 콘텐츠를 보았다면 최소한의 영향은 미쳤다고 말할 수
있지 않을까?

1%가 적은 비율이기는 하지만, 일주일간 조회 수가 13만 이
상 나오는 콘텐츠가 얼마나 많은지도 생각해볼 문제다. 앞에서도
말했듯이 일사에프도 초기 6개월 동안은 콘텐츠의 평균 조회 수
가 5,000이었다. 아쉽게도 그 당시에는 인플루언서와 함께하지

못했다. 만약 그때 0.1%(조회 수로는 1만 3,000)의 영향력이라도 가진 인플루언서와 함께했다면 결과가 사뭇 달랐을 것이다. 아마도 훨씬 빨리 자리 잡을 수 있지 않았을까?

1%를 5%로, 5%를 10%로 올릴 수 있는 인플루언서는 콘텐츠와 채널을 성공으로 이끄는 최고의 아이템이다. 그런데 유명인이 아닌 이상 SNS 채널을 개설하자마자 처음부터 조회 수를 폭발시킬 수 있는 인플루언서는 극히 드물다. 바꿔 말하면, 인플루언서로 성장하기 위해서는 구독자의 마음을 사로잡는 전략에 더해 그 전략을 실천할 시간이 필요하다.

영향력이 큰 인플루언서들은 몇 가지 공통점이 있다. 전문가이거나 전문가급 지식을 갖추고 있고, 온라인이든 오프라인이든 사람들과 꾸준히 소통하며, 탁월한 공감 능력으로 상대방의 신뢰를 얻는다. 이런 조건과 성향을 갖춘 사람은 생각보다 그리 많지 않다. 유튜버에서 열심히 활동 중인, 재치 있고 화려한 입담을 가진 전문가 모두를 인플루언서라고 부르지는 않지 않는가.

인플루언서는 1타 강사와 비유할 수 있다. 입시 학원 업계에서 최고의 대우를 받는 1타 강사들 역시 시작할 때부터 1타 강사는 아니었다. 규모가 작은 학원에서 학원생들과 꾸준히 소통하며 강의 실력을 쌓고, 문제를 함께 풀면서 학생과의 신뢰를 바탕으로 합격할 수 있다는 공감대를 형성한다. 그러한 노력이 결국 인정받으면서 입소문이 나고 시간이 지나면서 '1타 강사'라는 타이틀을 얻었을 것이다.

구독자의 마음을 움직이는 인플루언서가 되거나 찾고 싶다면, 앞서 언급한 세 가지 요건을 갖추었는지 잘 살펴보기를 바란다. 지금 당장 없다고 실망할 필요는 없다. 시간을 두고 꾸준히 실천하면 해결하는 문제니까. 이런 요건 없이 잘나가는 인플루언서도 많지만, 내가 기획자라면 꼼꼼하게 따져볼 것 같다. 인플루언서는 채널을 대표하는 콘텐츠의 주인공이 될 수도 있고, 반대로 채널을 한순간에 망하게 만들 수도 있다. 한번 공개된 콘텐츠는 삭제하더라도 오랫동안 온라인 이곳저곳에서 다시 만날 수 있다는 사실을 잊지 말아야 한다.

"이 코너는 채널로 독립시켜주세요"

지난 5년간 디지털 콘텐츠 시장에서 직간접적으로 다양한 경험을 해왔다. 개인적으로는 엠빅뉴스에서 근무할 때 1년 동안 가장 많은 조회 수를 기록한 콘텐츠 TOP 10에 1위를 포함해

5~6개 콘텐츠가 선정됐다. 일사에프가 구독자 100만 명을 돌파하는 장면도 실시간으로 목격했다. 5년 동안 쉬지 않고 제작에 참여했으니 얼마나 크고 작은 일이 많았겠는가. 너무 감사하고 소중한 경험이 많은데 그중 구독자들이 제일 좋아해준 콘텐츠였던 〈소비더머니〉와 관련된 댓글들이 기억에 많이 남는다.

2020년 늦은 여름, 구독자 한 분이 이런 댓글을 남겼다.

"이 코너는 채널로 독립시켜주세요."

또 다른 구독자들도 칭찬 일색이었다.

"진짜 볼 때마다 감탄해요."

"매주 일요일 4시만 기다려요."

눈을 씻고 찾아봐도 악성 댓글을 거의 찾아볼 수 없었다. 끊이지 않는 응원 댓글을 마주한 우리는 직감적으로 알 수 있었다. 이거 대박 났구나!

일사에프가 유튜브 구독자 100만 채널이 될 수 있었던 것은 제작진의 피땀이 섞인 수많은 코너 덕이었다. 그중에서도 비중이 큰 코너가 두 개 있는데 하나는 55만 명을 구독자로 만들어준 〈아이돈케어〉였고, 또 다른 하나는 브랜드에 얽힌 사람과 돈, 기업에 관한 이야기를 담아낸 〈소비더머니〉다. 〈소비더머니〉는 26만 명의 구독자를 만들어준 일사에프 대표 콘텐츠 중 하나다.

일사에프 채널 성장에 한 축이 된 코너 <소비더머니>.
같은 이야기도 누가 어떻게 전달하느냐에 따라 다른 효과가 나타난다.

2020년 5월, 일사에프 채널에서 시작한 <소비더머니>는 2021년 2월 28일까지 10개월간 총 38개의 콘텐츠를 제작했다. 콘텐츠 누적 조회 수는 1억을 돌파했으며, 구독자들의 요청으로 2021년 3월 자체 유튜브 채널로 독립했다. <소비더머니> 채널의 구독자 수는 2022년 12월 기준 53만 명에 달한다. 일사에프가 53만 명이 되기까지 1년 10개월쯤 걸렸으니까 1개월 정도 빠른 성과다. <소비더머니>는 다양한 주제를 다루는 일사에프와 달리 '브랜드'라는 딱 한 가지 주제로만 이런 성과를 냈다. 독립시켜달라던 구독자들의 말을 참 잘 들은 것 같다.

브랜드 이야기를 다루는 유튜브 채널은 예전부터 많았다. 브랜드 이야기가 이미 많이 알려져 있는 까닭이다. 예를 들어 애플

이야기에 꼭 나오는 일화가 있다. 바로 창업자 스티브 잡스가 해고당했던 일이다. 소재가 한정된 것이다. 게다가 새로운 이슈가 발생해도 정확한 정보를 얻기가 쉽지 않아 다루면 다룰수록 어려운 주제다. 그럼에도 불구하고 〈소비더머니〉가 누리는 인기의 중심에는 스토리텔러 조현용 기자가 있다. 이야기를 풀어내는 능력, 공감대를 형성하면서 빠른 박자로 이야기를 끌고 나아가는 입담에 구독자들은 열광했다.

조현용 기자는 브랜드에 얽힌 돈과 사람 이야기를 스스로 조사한 뒤, 잘 엮어서 구독자의 관심을 끌 만하게 직접 써내려간다. 그것도 마음에 들 때까지 말이다. 오랫동안 경제부 기자로 활동한 덕에 기업 내부 사정을 잘 알고 있다는 장점을 자기 무기로 만들어서 콘텐츠에 가감 없이 녹여내니 경쟁 채널의 인플루언서들이 당해낼 재간이 없다.

나는 일사에프에서 탄생한 30여 개가 넘는 모든 코너를 모터니링 했고, 제작의 A부터 Z까지 전 과정을 지켜보았다. 그래서 모든 코너에 애정이 있지만, 〈소비더머니〉가 유독 기억에 많이 남는 이유는 이 코너를 통해 구독자의 호응을 끌어내는 인플루언서의 힘을 느낄 수 있었기 때문이다. 진심을 전하는 인플루언서는 구독자들도 결코 배신하지 않는다는 사실을 경험했다.

만약 기획이나 인플루언서 발굴 등의 이유로 콘텐츠 제작에 어려움을 느끼고 있다면 지금 당장 〈소비더머니〉를 검색해서 꼭 시청하기를 권한다. 어쩌면 해답을 얻을 수도 있으니까 말이다.

띵작문화재

먼저 하면
타이밍을 잡을
필요가 없다

기왕 하기로 한 거면 잘해서 생존해야 했다. 그래서 필승 전략이 필요했다. 남들이 할 수 없는, 흉내조차 낼 수 없는 아이템이어야만 후발 주자로서 승산이 있었기 때문이다.

레트로 열풍!
알고 봐야 더 재미있는 그때 그 시절

레트로Retro는 우리말로 '복고풍'이라는 의미다. 지식 백과에서 찾아보면 '과거의 체제, 전통 등을 그리워하여 그것을 본뜨려고 하는 흐름'이라고 나와 있다.

사람들은 과거에 유행했거나 인기 있었던 물건, 음악 등을 레트로한 물건이나 음악이라고 부른다. 원래는 옛날 느낌이 나는 물건이나 디자인을 레트로라고 이야기했는데, 분야와 개념이 확장돼서 지금은 옛날 감성을 떠올리게 하는 일련의 것들을 모두 '레트로하다'라고 말하는 것 같다.

수년 전부터 옛날 감성을 의미하는 레트로의 열풍이 불더니,

이제는 하나의 트렌드가 됐다. 솔직히 강도의 문제였지, 언제부터인가 레트로란 단어가 언급되지 않았던 해는 거의 없었던 것 같다. 한마디로 레트로 열풍은 어느 날 갑자기 일어난 현상이 아니다. 주목해야 할 점은 늘 우리 곁에 있던 레트로에 사람들이 열광하는 이유다.

대중문화평론가나 사회학자가 아니라서 어째서 지금 이렇게 선풍적인 레트로 열풍이 부는지 설명할 수는 없다. 그렇지만 하루가 다르게 트렌드가 달라지는 디지털 콘텐츠 시장의 전선에서 치열하게 일하면서 직감적으로 하나 알아차린 것이 있다. 최근 들어 사람들이 열광하는 레트로 열풍의 중심에는 1990년대 중반부터 2000년대 초반까지의 유물(?)들이 있다는 것이다.

이것은 의심의 여지가 없다. 내가 학창 시절 때 갖고 놀고, 입고, 먹고 다녔던 추억들이 요즘 다시 등장하고 있으니까. 지금 20대는 태어나지도 않았거나 너무 어릴 때의 물건이니 신기하면서도 궁금한 것이고, 3040은 그때를 추억할 수 있기 때문에 레트로가 뜨는 것이 아닐까 생각해본다. 여기에 SNS 덕분에 문화의 전파 속도까지 빨라져 레트로가 전에 없던 트렌드가 됐다는 것이 개인적인 생각이다.

일사에프는 2030의 높은 관심을 받는 레트로를 주제로 콘텐

츠를 만들어보기로 했다. 이미 여기저기서 레트로 콘텐츠를 볼
수 있었지만, 이유를 불문하고 무조건 하기로 했다. 유튜브 제작
팀으로서 트렌드에 반응하지 않으면 안 될 것만 같은 의무감 또
는 사명감 같은 것을 느꼈기 때문이다.

기왕 하기로 했으면 잘해야 했다. 그래서 필승 전략이 필요했
다. 남들이 흉내조차 낼 수 없는 아이템이어야만 후발 주자로서
승산이 있었기 때문이다. 회의 끝에 두 가지 전략을 세웠다. 하나
는 우리만 가지고 있는 과거 방송 영상 활용이었다. 일사에프는
MBC에서 탄생한 채널인 만큼 과거 50년치 영상을 자유롭게 활
용할 수 있었다. 드라마, 예능, 다큐, 음악프로그램, 인기 연예인
의 과거 방송 활동까지 있으니 보물 창고가 따로 없었다.

또 다른 전략은 스토리 전개다. 자료가 차고 넘쳐도 영상만
보여주거나 스토리가 약하면 흥미가 떨어지기 마련이다. 현재 인
기 있는 레트로 제품의 변천사도 좋고 탄생에 얽힌 뒷이야기도
좋다. 제품과 현상과 관련된 신문 기사를 보여주는 것도 재미있
을 것이다. 아는 만큼 보인다고도 하고, 아는 것이 힘이라는 말이
있지 않은가. 레트로를 있는 그대로 보여주는 것만으로도 흥미
로울 수 있지만, 알려지지 않은 야사野史의 한 페이지를 소개하듯
스토리텔링도 더해보기로 했다.

레트로도 타이밍이다

타이밍은 정말 중요하다. 타이밍에 따라 일의 성공과 실패는 물론 사람의 운명까지 바뀐다. 투자 경험이 있다면 타이밍이 중요하다는 말에 공감할 것이다. 주식이든 부동산이든 사고파는 타이밍을 정확히 알 수 있다면, 경제적 자유를 얻을 수 있다. 디지털 콘텐츠 시장에서도 타이밍은 콘텐츠의 성공 여부를 결정하는 굉장히 중요한 요소 중 하나다.

콘텐츠는 사람들이 많이 시청하는 시간대에 공개해야 한다. 평일과 주말, 오전과 오후 중 언제가 나을지 고려해야 한다. 일사에프 콘텐츠는 평일 오후 5시 이후, 주말 오후 2시 이후에 조회 수가 높아서 항상 이 점을 고려하고 있다.

타이밍이 중요하다는 말은 몇 번을 반복해도 지나치지 않다. 하루는 우리 구독자의 관심을 사로잡을 만한 해외 이슈가 뉴스를 통해 전해진 적이 있다. 자막뉴스 팀은 급하게 영상을 확보한 뒤 콘텐츠를 제작했다. 3시간 뒤 편집이 완료됐고 업로드까지 남은 시간은 대략 10분. 그런데 그때 경쟁 채널에서 우리와 같은 내용의 콘텐츠를 먼저 공개했다.

고작 10분 차였지만 우리가 공개했을 때는 이미 경쟁 채널의 콘텐츠 조회 수가 5만을 넘어선 상태였다. 10분 늦은 결과치고는 너무 가혹했다. 유튜브는 알고리즘 때문에 시간이 지날수록 차이가 더 벌어진다. 5분만 우리가 먼저 공개했다면 결과는 달라졌으리라는 생각이 머릿속을 떠나지를 않았다. 타이밍 싸움에서 이기지 못하면 돌아오는 것은 혹독한 스트레스뿐이다.

이런 경험 때문에 레트로 콘텐츠에 더 신경이 쓰였다. 언제 어떤 레트로 관련 아이템이 등장할지 모르니까 말이다. 콘텐츠가 제대로 빛나려면 기막힌 타이밍을 찾아야 했다. 그런 타이밍을 찾아낼 방법은 없을까? 결론부터 말하자면 그런 방법은 찾지 못했다. 그런 방법을 찾아냈다면 우리 팀은 지금쯤 세계적인 디지털 콘텐츠 기획 및 컨설팅 회사로 성장했을 것이다. 이슈 발생 시 최대한 빠른 대응이 최선이었지만, 다른 채널도 그렇게 하고 있으니 전략이라고 말할 수가 없다.

뾰족한 수 없이 시간만 보내고 있던 차에 후배 한 명이 질문을 하나 던졌다.

"팀장님하고 차장님 어릴 때는 뭐가 유행했어요?"

장난감 요요, 힙합 바지(통바지), H.O.T.(아이돌 그룹), 배꼽티(크롭티), 곱창 머리끈(스크런치) 같은 90년대 패션과 음악을 기억나는 대로 말했다. 그때 돌아오는 후배의 대답에 머리가 번뜩였다.

"그런 거 좋네요. 이슈 될 때까지 기다리지 말고 우리가 먼저 영상을 제작하면 안 돼요?"

왜 그 생각을 못 했을까? 먼저 하면 타이밍을 잡을 필요가 없다. 달리 이야기하면 우리가 주도권을 잡을 수 있다는 뜻이었다. 극적으로 레트로 콘텐츠에 대한 타이밍 전략이 세워졌다. 모든 것이 우리 마음처럼 되지는 않기에 리스트 업 전략도 함께했다. 리스트 업은 이슈 발생 시 바로 제작할 수 있도록 아이템이 될 만한 영상과 밈을 미리 주제별로 분류해놓는 작업을 의미한다. 예를 들어, 만우절이나 13일 밤의 금요일, Y2K 관련 이슈 같은 것들이다. 처음에는 시간이 좀 걸리겠지만, 자료가 쌓이면 이슈 발생 시 빠르게 대처할 수 있다는 장점이 있어서 역할을 나눠 전략대로 움직이기 시작했다.

90's 패션
"이렇게 입으면 기분이 조크든요"

〈띵작문화재 | 아카이브탐사대〉
일사에프 채널에서 레트로를 주제로 만든 코너 이름이다. 인터넷에서 명작을 의미하는 '띵작'이라는 단어에 과거의 영상으로 명작을 만들겠다는 포부를 담았다. '아카이브 탐사대'라는 부제목에는 영상 자료가 보관된 아카이브에서 아이템을 발굴하는 탐사대가 만든다는 의미를 부여했다.

"이렇게 입으면 기분이 조크든요."

1994년 9월 17일 〈MBC 뉴스데스크〉의 한 인터뷰 내용이다. 기자가 배꼽티를 입은 여성에게 이렇게 질문한다.

"남의 시선을 느끼지는 않습니까?"

그러자 여성은 이렇게 대답했다.

"아뇨, 전혀 신경 쓰지 않습니다. 제가 입고 싶은 대로 입고요. 이렇게 입으면 기분이 좋거든요."

레트로 트렌드에 발 빠르게 올라탄 코너 〈띵작문화재〉.
현재와 과거의 교집합 또는 차별점을 찾아내는 게 관건이다.

〈명작문화재〉 제작팀은 90년대 패션 스타일을 주제로 한 콘텐츠에 이 장면과 인터뷰 내용을 썸네일과 영상의 첫 화면에 사용했다. 자막에 쓰인 '조크든요'는 일부러 소리 나는 대로 표현했다.

사실 이 멘트는 2016년 처음 이슈가 되었다. 트위터 등 SNS에서 갑자기 유행하던 해시태그였다.

#이렇게입으면기분이조크든요

22년 전 인터뷰가 '조크든요'라는 표현의 원조라고 인터넷 뉴스에서 기사화되기도 했다.

2020년대에 MZ세대가 있다면 1990년대에는 X세대가 있었다. X세대의 패션을 주제로 자료를 찾다 보니 이 멘트가 소환된 것이었다. 2022년과 비교해도 전혀 뒤떨어지지 않은 개성 있는 패션 스타일과 자신감 넘치는 인터뷰였다. MBC만 보유한 경쟁력 있는 영상에다 2030의 관심을 끌 만한 패션이라는 주제는 일사에프의 레트로 전략에 정확히 부합했다. 2019년 7월에 공개된 이 콘텐츠는 한 달 만에 조회 수 100만을 넘겼고, 1년쯤 지났을 때 300만을 넘겼다. 이 장면과 인터뷰 내용은 〈명작문화재〉를 통해 다시 한번 이슈가 됐다. 2020년에는 홍삼 건강식품으로 유명한 회사에서 패러디 광고도 선보였다.

1990년대 영상으로 재구성한 일사에프 방식의 레트로 콘텐츠는 공개할 때마다 구독자들의 많은 사랑을 받았다. 〈명작문화재〉가 인기를 끌자 다른 방송국의 유튜브 채널에서도 비슷한 구성의 옛날 뉴스 영상을 코너로 만들어 최근까지 꾸준히 제작하고 있다.

〈명작문화재〉의 반응이 처음부터 좋았던 것은 아니다. 어떻게 매번 성공하는 콘텐츠만 만들겠는가. 그런데 많이 실패하다 보니 깨달은 것이 하나 있다. 지금 기준에서 상상도 못 하는 장면이나 음성을 포함한 소리, 아니면 반대로 20~30년 전인데도 지금과 흡사한 장면이 담겨 있다면 적어도 레트로 콘텐츠는 성공할 가능성이 아주 높다는 것이다. 과거 경험을 그리워하는 사람에게도, 경험하지는 못했지만 그 시대를 느껴보고 싶은 사람에게도 레트로는 강한 울림을 준다.

별다리 유니버스

뻔한 기획이라면
역할을 바꿔보자

일사에프가 제작한 수많은 콘텐츠의 성공 확률이 높은 이유는
주제와 내용에 있어서 항상 우리만의 색깔을 드러내기 위해 노
력한 끝에 반드시 차별화 포인트를 만들어내기 때문이다.

외국인 콘텐츠는 많지만,
이건 뭔가 좀 다르네

일사에프 채널은 현재까지 50개 정도의 코너를 만들었다. 모든 코너가 의미 있고 기억에 남지만, 첫 번째라는 수식어가 붙은 코너와 콘텐츠는 더 기억에 남기 마련이다.

채널 전체를 통틀어 첫 번째 코너이며 지금까지 함께하는 뉴스 콘텐츠 〈데일리픽〉, 일사에프의 첫 지식 정보 콘텐츠이자 인플루언서가 처음 출연한 〈무엇이든 물어봐 앙!〉이 유독 기억에 남는 이유다. 이번에는 일사에프의 첫 예능 콘텐츠이자 야심작이었던 〈별다리 유니버스(이하 별다리)〉에 대해 이야기해보려고 한다.

특별한 시선으로 바라본 한국 사회를 리뷰하면서 인기를 얻은 <별다리 유니버스>.
플랫폼 맞춤형 연출이 성공 비결이다.

〈별다리〉는 현재 구독자 약 30만 명을 보유한 유튜브 채널이다. 일사에프에서 제작했지만, 예능이라는 특성 때문에 전략적으로 2020년 1월 'MBC entertainment'라는 유튜브 채널에서 처음 공개했다. 이후 3개월 동안 성장을 위한 체력을 키운 뒤 2020년 4월 야심차게 독립 채널로 문을 열었다. 첫 이름은 〈별다리 외사친 : 별걸 다 리뷰 하는 외국인 사람 친구〉였다. 제목 그대도 외국인이 출연해서 별걸 다 리뷰 하는 것이 이 채널의 콘셉트였다.

일사에프가 첫 예능 도전을 위해 다양한 아이템을 찾던 이 시기, 유튜브에는 외국인들이 한국의 유명 관광지와 음식 등을 소개하는 콘텐츠가 많았다. 대부분 영어나 스페인어, 독일어 등 자신의 모국어로 리뷰를 많이 했다. 한국 문화에 대한 외국인들의 긍정적인 반응 때문에 외국인 콘텐츠에 대한 인기가 높았다. 외국인의 한국 콘텐츠 출연 빈도가 높을 때여서 우리도 그 흐름에 자연스럽게 올라탔다.

일사에프가 제작한 수많은 콘텐츠가 성공 확률이 높은 이유는 주제와 내용에 있어서 항상 우리만의 색깔을 드러내기 위해 노력한 끝에 반드시 차별화 포인트를 만들어내기 때문이다. 〈별다리〉도 마찬가지였다. 외국인이 모국어를 쓰는 것은 당연한 일이지만, 우리가 그들의 언어를 이해하기 어려운 것도 사실이다. 더불어 우리 구독자는 외국인이 참여하는 한국 문화 콘텐츠를 좋아하는데, 대부분 한국인이다. 그렇다면 외국인들이 자신들의 생각을 한국어로 말한다면? 구독자들이 이해하기도 쉽고 더 좋아하지 않을까?

당시 외국인 콘텐츠들은 한국 문화의 좋은 점을 부각하는 경향이 강했는데, 〈별다리〉에서는 외국인들의 리뷰를 편견 없이 보여주기로 했다. 각자의 생각은 다르니까 말이다. 남은 고민은 구독자 반응을 알 수 없다는 것이었는데, 그것은 공개 후의 일이므로 늘 그래왔듯 일단 제작을 시작했다.

외국인 서너 명이 한국 사람들이 보는 채널에 나와서 한국말로 한국에서 쓰는 제품을 리뷰 한다. 이 콘텐츠를 한 편이라도 제대로 만들어낼 수 있을까? 편집하다가 이해가 안 되는 상황이 벌어지는 것은 아닐까 걱정되기도 했지만, 출연자들의 한국어 실력이 워낙 출중해서 의사소통에는 전혀 문제가 없었다.

무언가 재미있는 상황이 만들어질 것 같다는 기대와 과연 잘되겠느냐는 의구심 사이에서 큰 사고 없이 첫 촬영을 마쳤다. 외국인들이 한국어로 대동단결한, 세상 어디에도 없던 리뷰 콘텐츠는 이렇게 시작됐다.

외국인이 MC인데 한국인은 패널?
여기서는 이게 맞아!

별다리 채널에 올라오는 콘텐츠는 대부분 외국인이 주인공이다. 콘텐츠별로 국적이 겹치는 에피소드가 거의 없다. 멕시코, 인도, 미국, 영국, 독일, 프랑스, 중국, 일본 등 다양한 국적의 지구인들이 별다리와 함께하는데, 음성 지원이 안 된다면 처음 별다리를 보는 사람은 싱가포르 같은 다국적 국가에서 제작된 글로벌 콘텐츠로 착각할지도 모른다.

아무튼 별다리에는 여러 나라의 외국인들이 등장하는데 종교, 피부색 같은 요소는 출연 여부와 아무 관련이 없다. 유쾌하고 상대를 배려하는 호감형에 에너지가 넘치는 타입이라면 대환영이다. 다만 반드시 충족해야 하는 조건이 하나 있는데, 바로 뛰어난 한국어 실력이다. 단어 의미는 정확히 모르더라도 의사소통에 있어서만큼은 한국인과 대화할 때 어려움이 없어야 한다.

외국인 입장에서 한국어를 잘하기란 아주 어려운 일이다. 한국어는 '노랗다, 노르스름하다'처럼 표현이 다양해 외국인들 사이에는 익히기 어려운 언어로 알려져 있다. 그럼에도 한국어 능력자를 선호할 수밖에 없는 이유는 단 하나다. 바로 구독자 대부분이 한국인이기 때문이다.

〈별다리〉 제작팀은 처음 콘텐츠를 기획할 때부터 다양한 국적의 사람들이 참여하기를 바랐다. 다양성은 이 콘텐츠를 세상에 나오게 한 초석이었고, 현재도 〈별다리〉와 관련한 모든 기획의 핵심 가치다. 서로 다른 문화에서 살아온 외국인들이 보여주는 희로애락의 감정이 구독자들에게 가장 잘 전달되려면 통일된 언어밖에 방법이 없다고 생각했다.

경험적으로도 구독자 친화적으로 접근해야 성공 가능성이 크기 때문에 외국인 콘텐츠일지라도 한국어 사용은 선택이 아니라 필수 조건이었다. 구독자를 배려하지 않는 콘텐츠의 끝은 좋지 않은 경우가 많다. 반대로 어려운 주제를 쉽게 설명하며 구독자들이 접근하기 쉽게 제작하면 언젠가는 구독자의 사랑과 신뢰를 받을 수 있다. 〈별다리〉가 바로 그렇게 성장했다.

구독자들은 〈별다리〉 초기 다른 채널의 외국인 콘텐츠와 비슷하다고 평가했다. 외국인이 한국을 리뷰 하니까 당연한 시선이었다. 그래서인지 조회 수가 적고, 구독자도 더디게 늘었다. 인내의 시간은 생각보다 길었지만, 시간이 흐르면서 구독자들이 국적의 다양성과 예능과 지식 정보가 합쳐진 쇼양(쇼+교양) 콘셉트를 이해해주면서 가파르게 성장하기 시작했다. 〈별다리〉의 성장 서사를 생각해보면 진심은 통한다는 말이 격하게 와닿는다.

〈별다리〉 콘텐츠는 진행자뿐만 아니라 게스트와 패널도 대부분 외국인이지만, 그렇다고 내용 이해에 불편한 점은 없다고 생각한다. 구독자들도 댓글로 출연자들의 뛰어난 한국어 실력을 칭찬하고, 응원한다. 한국인인 자신보다 한국에 대해 더 잘 안다며 열심히 공부하는 것 같다고도 한다.

구독자들이 콘텐츠를 통해 긍정적인 에너지를 받고, 그 에너지를 좋은 행동으로 이어가도록 돕는 것은 우리가 생각하는 가장 중요한 가치다. 그것이 다른 나라에서 열심히 살아가는 모습이든 외국어를 잘하는 모습이든, 외국인 출연자들이 구독자들에게 어떤 식으로든 동기를 유발했다면 바랄 것이 없다.

<별다리 유니버스>? We are the one!

〈별다리 외사친〉에서 이름을 바꾸고 제품에서 문화를 리뷰 하는 방향으로 변모한 것은 살아남기 위해서였다. 디지털 콘텐츠 시장은 너무나도 냉정하다. 위험 신호가 감지됐을 때, 즉시 조치하지 않으면 회복에 아주 오랜 시간이 걸리거나 아예 폭삭 주저앉을 수도 있다. 〈별다리〉는 상품 리뷰에서 큰 반응을 얻지 못했다. 우리가 가장 먼저 한 조치는 상품 리뷰를 그만하는 것이었다. 상품 리뷰는 〈별다리〉 초기 기획부터 아주 큰 부분을 차지했지만, 구독자의 호응을 받지 못했기 때문에 과감하게 제외하기로 했다.

힘든 상황일수록 자신을 객관적으로 볼 줄 알아야 한다. 대체할 소재는 얼마든지 있다. 만약 찾지 못한다면 아직 자신이 제작한 콘텐츠나 작품을 객관적으로 보지 못하는 것이다. 객관적인 자세를 유지하기 위해 개인적으로 잘 써먹는 방법은 자신을 엄청 냉정한 사람이라고 생각하는 것이다. 지금 이루지 못한 것을 다른 것으로 반드시 만회하겠다고 몇 번이고 다짐해보자. 그리고 흰 종이에다 실패 요인을 끄적거리다 보면 생각보다 많은 것이 적혀 있을 것이다. 이 분석 노트가 다음 작품의 성공 열쇠가 될 수 있다.

일사에프의 오리지널 콘텐츠는 인플루언서가 트렌디한 주제에 대해 설명하고 영상과 음악을 적절히 배치해 시청각 효과를 높이는 제작 방식을 많이 사용한다. 지식 정보 콘텐츠는 사실 이것만 잘해도 충분하다. 거기에 주제까지 다양하면 큰 성공을 거둘 수 있지만, 〈별다리〉는 예능 콘텐츠다.

코너 시절 〈별다리 외사친〉은 리뷰라는 특성상 항상 스튜디오에서 촬영했다. 지루해질까 봐 출연자와 스튜디오 환경을 수시로 바꾸었다. 그런데도 콘텐츠를 볼 때마다 무언가 부족함이 느껴졌다. 어느 날 야외 촬영 장면이 있는 에피소드를 모니터한 뒤에야 부족함의 원인을 찾을 수 있었다. 바로 연출이었다. 스튜디오에서만 하다 보니 연출다운 연출을 할 수 없었던 것이었다. 예능에서는 기획과 출연자만큼 연출도 중요한데, 그때까지 그 사실을 간과했다.

제작진은 바로 콘텐츠 포맷에 변화를 주었다. 스튜디오 제작은 유지하면서 야외 촬영을 확대했다. 스튜디오 촬영보다 훨씬 많은 인력과 장비가 필요해 예산 측면에서 부담이 있었지만, 스튜디오 안에서는 시도하기 어려운 드론이나 고프로 등의 다양한 장비를 활용해 다채롭게 촬영할 수 있다는 큰 장점이 있었다. 스튜디오 촬영보다 고생스러웠지만, 고생 이상의 많은 경험을 쌓을 수 있었다.

콘텐츠 품질은 연출력이 좌우한다. 그래서 제작진의 다양한 연출 경험이 중요하다. 야외 촬영의 확대는 젊은 제작자가 대부분인 일사에프의 한계를 극복하는 최고의 방법이기도 했다.

마음은 급했지만 〈별다리〉 제작진은 서두르지 않았다. 〈별다리〉 내 야외 촬영물인 먹방 콘텐츠 '톡크왕'과 스튜디오 촬영물인 글로벌 트렌드 토크쇼 '유스레터'는 각각 15편과 12편으로 시즌을 마무리했다. 조회 수가 높지는 않았지만 이 코너들을 통해 제작진은 야외 촬영과 연출 경험을 쌓을 수 있었다. 그 덕에 뒤이어 기획한 '별다리 연구소'와 '집 나온 자식들'의 결과에 만족할 수 있었다.

〈별다리 외사친〉의 이름을 〈별다리 유니버스〉로 바꾼 것은 〈별다리〉만의 세계관을 만들기 위해서였다. 다양한 국적의 외국인들이 한국이라는 나라에서 한국어로 각 나라의 문화를 공유하고 토론하며 웃고 즐길 수 있는 그런 세계관 말이다. 우리가 〈별다리〉에서 추구하는 것은 다양성이다. 다양함 속에서 공통점을 찾고, 그 공통점을 다시 발전시켜 새로운 이야기를 만들어서 공유하는 것 말이다.

〈별다리〉는 이러한 목표를 추구하고 실현하기 위한 일사에 프의 첫 마중물이다. 물은 고이면 썩지만 물길을 열어주면 필요한 곳으로 흘러가 생명을 탄생시킨다. 우리의 큰 물길 중 하나인 별다리도 다양성을 앞세워 머지않아 새로운 이야기를 창조할 것이다.

브랜디드 콘텐츠

구독자가 이 광고를
봐야 할 이유를
만들어라

브랜디드 콘텐츠를 제작할 때는 브랜드를 '어떻게 전달할까'도 고민해야 하지만, 구독자가 '왜 이 콘텐츠를 봐야하는지' 또한 이해시켜야 한다. 광고성 콘텐츠를 소비하는 구독자의 거부감을 최대한 줄이기 위해서다. 이때 필요한 게 스토리텔링이다.

먼저 우리부터 잘 먹고 잘살게

지상파 유튜브 채널은 어떻게 운영될까? 콘텐츠 제작이 회사의 업이니 제작진이 넘쳐나고 예산도 풍족할 것 같지만 실상은 전혀 다르다.

2018년 지상파 광고 영업 이익은 크게 감소한 상황이었다. 매체별 광고 시장 점유율 변화 추이를 보면 광고 시장 지상파 점유율은 2015년에 55%에서 2018년 40.3%로 크게 떨어졌다. 제일기획에 따르면 2018년 총 광고비 11조 7,020억에서 디지털 총 광고비는 4조 3,935억에 이른다. 방송계 총 광고비가 3조 9,636억으로 광고 시장이 지상파에서 온라인으로 급격히 옮겨가고 있는 시기였다. 당장 디지털 콘텐츠 제작 역량을 키워야 한다는 위기

감도 있었지만, 본업인 방송에 더 과감히 투자해서 지상파의 경쟁력을 되살려야 한다는 의견이 지배적이었다.

일사에프는 오리지널 디지털 콘텐츠를 통해 디지털 파트의 독자 생존을 모색하고, 방송 광고와 연계 가능한 디지털 광고 상품을 만드는 MBC의 실험이었다. 두 마리 토끼를 다 잡아야 했다.

디지털 플랫폼은 진입 장벽이 낮은 만큼 경쟁이 치열하다. 구독자를 늘리고 인기를 얻는다고 끝은 아니다. 지속 가능한 수익 모델을 만들어야 한다. 20만 구독자를 가진 1인 크리에이터들은 유튜브 콘텐츠 제작으로도 생계에 필요한 수입을 얻을 수 있지만 수십 명이 함께 일하는 언론사 모바일 채널의 경우 유튜브 수익만으로 먹고살기 힘들다.

2018년, 20여 명의 일사에프 제작진들은 유튜브에서 크리에이터에 지급하는 수익 이외에 브랜디드라고 불리는 디지털 콘텐츠 제작을 통해 자급자족해야 했다. 브랜디드 콘텐츠는 브랜드가 의뢰한 홍보성 주제에 크리에이터의 시각과 정체성을 더해 만들어낸 콘텐츠를 말한다. 주어진 예산보다 큰 수익을 만들어야 팀의 생존이 가능한 상황이었다. 생존에 대한 고민은 지상파나 버티컬 채널이나 큰 차이가 없다.

채널이 시장에서 경쟁력을 갖추고 성장하기 위해서는 구독자가 만족하는 콘텐츠를 만들어야 한다. 경쟁력 있는 콘텐츠 제작의 첫걸음은 능력 있는 제작진의 채용이다. 수천, 수만 개의 채널이 존재하는 유튜브에서 능력 있는 제작진들은 어디서든 환영한다. 능력 있는 제작진에 대한 투자는 채널이 시장에서 경쟁력을 갖추고 성장하기 위한 최소한의 비용이다.

결국 비용이 문제다. 지상파에서 운영하는 유튜브 채널은 자사에서 충분한 예산을 지원받거나 브랜디드 콘텐츠를 통해 자체 예산을 확보해야만 경쟁력을 유지할 수 있다. 일사에프는 브랜디드 콘텐츠 맛집을 선택했다. 콘텐츠를 소비하는 구독자와 필요한 채널 운영 비용을 채워주는 브랜드의 눈과 귀를 동시에 사로잡아야 한다. 매일 수십만 명의 구독자의 '좋아요', '싫어요'의 줄타기 속에서 브랜드의 러브콜을 받기 위한 고군분투가 시작됐다.

브랜드에 스토리 입히기

타깃팅한 구독자에게 재미있고 도움 되는 정보를 전달하는 것이 일사에프의 가장 큰 목표이자 지향점이다. 그래서 구독자 맞춤형으로 콘텐츠를 제작한다. 실생활에 도움이 되는 콘텐츠, 소소하지만 유용한 정보와 지식을 최대한 쉽고 재미있게 구독자에게 전달한다. 여기에 추가로 브랜드의 사랑까지 받는 콘텐츠를 만들어야 한다. 구독자와 브랜드가 모두 관심을 보일 만한 코너 기획은 결코 쉽지 않다.

양쪽 모두 관심 가질 만한 콘텐츠를 산업별로 나눠서 기획하기 시작했다. 은행과 핀테크 회사 등의 러브콜을 받은 〈아이돈케어〉를 통해 브랜디드 콘텐츠의 수익화 가능성을 확인할 수 있었다. 늘어난 브랜디드 콘텐츠 제작 요청을 수용하려면 좀 더 확장성을 지닌 코너가 필요했다. 금융권뿐만 아니라 모든 기업의 니즈를 충족시킬 코너를 만들 수 있을까? 이 니즈에 맞춰 기획된 코너가 '어차피 쓸 돈, 알고나 쓰자!'라는 슬로건을 내건 조현용 기자의 〈소비더머니〉다.

소비와 돈은 우리 사회의 가장 큰 관심사임에도 불구하고 대놓고 돈과 기업에 대해서 이야기하면 불편함을 표현하는 이들도 있다. 그래서인지 기업과 브랜드에 대한 이야기만 전문적으로 다루는 국내 프로그램을 찾아보기는 힘들다. 〈소비더머니〉는 삼성과 현대, SK 같은 국내 재계 서열 상위권에 위치한 기업들과 에르메스, 구찌, 샤넬, 나이키 등 해외 패션 브랜드에 더해 창업자의 이야기를 주요 소재로 다룬다. 2020년 5월 처음 선보인 〈소비더머니〉는 스타벅스를 다룬 첫 편부터 대박을 쳤다. 5월 30일 토요일 오후 조현용 기자와 "대박"을 외치며 한 시간 이상 수다를 떨었던 기억이 있다.

하나의 브랜드에 관한 정보를 구체적으로 제공하니, 기업 입장에서도 신규 사업이나 중점 사업 등을 알리기 좋은 콘텐츠로 보일 것이었다. 예상대로 〈소비더머니〉에는 기업과 브랜드에서 브랜디드 콘텐츠 제작 문의가 끊이지 않고 있다.

브랜드가 사랑하는 콘텐츠

〈아이돈케어〉, 〈소비더머니〉가 연이어 히트를 치면서 일사에프를 찾는 브랜드가 늘기 시작했다.

"혹시 일사에프 담당자이신가요?"

화장품, 식품, IT 브랜드의 문의 전화가 쇄도했다. 그렇지만 브랜디드 콘텐츠 제작 문의가 크게 늘어가는 것을 마냥 좋아할 수는 없었다. 채널이 성장하는 만큼 운영에 대한 고민도 커졌다. 홍보성 콘텐츠가 늘어나면 구독자의 반응은 싸늘해질 수밖에 없다. "또 광고야?" 같은 댓글이 늘어난다. 채널 운영을 위한 광고성 콘텐츠 제작이 꼭 필요하다는 것을 이해해주는 구독자는 많지 않다.

광고성 콘텐츠의 잦은 노출에 대한 불만을 해결하면서 브랜드의 니즈에 맞추기 위해 코너를 분야별로 쪼개기 시작했다. 식음료 브랜드만 별도로 다루기 위해 〈돈슐랭〉을 추가로 론칭했다. 김바비가 진행하는 〈돈슐랭〉은 식음료 기업의 스토리를 주로 다룬다. BBQ 대 BHC, 이마트 대 홈플러스, 농심 대 삼양라면 같은 식으로 식음료 브랜드가 각자의 위치에서 타 브랜드와 경쟁하면서 겪는 기업의 흥망성쇠에 포커싱을 맞췄다. IT 브랜드를 위해 이영은 아나운서가 진행하는 〈앱둥이〉, 소니뮤직과 유니버셜 같은 음반사를 위해 가수와 음원에 타깃팅한 〈팝파라치〉 등 새로운 코너를 계속해서 늘려갔다. 그러면서 브랜디드 콘텐츠를 코너별로 분산시킬 수 있었고 자연스럽게 코너별 제작 횟수를 조절할 수 있게 되었다. 이런 과정을 통해 일사에프는 구독자와 브랜드의 사랑을 동시에 받는 유튜브 채널로 성장했다.

브랜디드 콘텐츠 제작 시에는 브랜드를 '어떻게 전달할까'도 고민해야 하지만, 구독자가 '왜 이 콘텐츠를 봐야 하는지' 또한 이해시켜야 한다. 광고성 콘텐츠를 소비하는 구독자의 거부감을 최대한 줄이기 위해서다. 이때 필요한 게 스토리텔링이다. 풍부한 스토리텔링을 통해 광고지만 재미있고 알아두면 유용한 정보를 제공할 수 있다. 제작진의 개성과 창의성이 더해져 광고가 브랜드를 이해하는 콘텐츠로 재탄생할 수 있다면 구독자의 긍정적인 반응을 이끌어낼 수 있다.

우리 채널이 '왜 이 브랜드를 소개하는지' 충분히 설명할 수 있다면, 소비자는 채널에 대한 신뢰를 유지하면서 호감을 갖고 콘텐츠를 바라볼 것이다. 물론 채널에 맞는 브랜드 선별도 잊지 말아야 한다.

인건비와 제작비 충당에 허덕이는 레거시 미디어 모바일 채널 운영의 핵심은 브랜디드 콘텐츠다. 브랜디드 콘텐츠를 통해 확보한 예산으로 코너를 유지하면서 채널 본연의 정체성을 지키는 것이 핵심이다.

뉴미디어 생존 전략

차별화된
톤 앤 매너에서
경쟁력이 생긴다

미디어 전략은 돌고 돈다. 서로 벤치마킹하고 때론 카피한다.
그래서 모니터링이 중요하다.

선택과 집중,
어설프다면 버려라

일사에프는 정치 아이템을 다루지 않는다. 금기시했다
고 해도 과언이 아니다. 세상 모든 이슈 중 정치와 연관되지 않는
것이 없지만 그래도 최대한 거리를 두려 했다. 정치적 평가는 시
대 혹은 사람에 따라 다를 수 있다. 기계적 중립도 사실상 불가능
하다. 무엇보다 출입처에 나가지 않고 포털과 커뮤니티에 쏟아지
는 기사를 베끼거나 조합해서 살짝 바꿔 쓰는 게 위험하다고 느
꼈다.

과거와 달리 SNS로 인해 정보 소비량이 급증했고 그만큼 구
독자들의 기사 이해도도 높아졌다. 조금이라도 잘못된 정보를 전

달하면 댓글로 엄중히 경고를 날린다. 어설픈 뉘앙스로 정치, 사회 이슈를 다루다 보면 안티를 양산할 수도 있다. 그로 인해 발생한 위기 때문에 채널이 한 번에 사라질 수도 있다. 어설플 것 같다면 차라리 건드리지 않는 편이 낫다.

정치를 다루지 않는 대신 경제와 엔터테인먼트 분야를 파고들었다. 일사에프에 재테크, 소비, 유통, 브랜드, 음원, 가수를 다루는 코너가 유독 많은 이유다.

커뮤니티발 뉴스

웬만한 뉴스는 포털과 방송에서 찾아볼 수 있기 때문에 일사에프에서만 볼 수 있는 아이템을 찾는 것이 중요하다. 차별화된 아이템을 찾기 위해 커뮤니티를 즐겨 찾는다.

2019년 KFC에서 한정 판매한 '닭껍질 튀김'을 아이템으로 다룬 적이 있다. 한 치킨 마니아가 커뮤니티 치킨 갤러리에 닭껍질 튀김에 얽힌 자신의 스토리를 올렸는데, 이를 두고 "바이럴 마케팅이다", "아니다. 평범한 닭껍질 사랑꾼이다"라고 주장하는 이들 사이에 논란이 커졌다. 무엇이 진실인지 밝히기 위해서 그 치킨 마니아를 인터뷰했다.

'닭껍질 빌런'으로 불리는 양현호 씨는 페이스북 페이지에서 닭껍질 튀김 출시 사실을 처음 알았다. 자카르타 KFC에서만 닭껍질 튀김을 판매한다는 소식을 듣고 비행기로 일곱 시간 걸리는 자카르타 KFC를 직접 찾아갈 계획을 세웠다. 당시 자카르타에 위치한 매장 중 여섯 곳에서만 닭껍질 튀김을 판매하고 있었다. KFC 미국 본사에 트위터로 문의한 결과, 시식이 가능한 KFC 자카르타 지점 연락처를 어렵게 받아냈다. 그런데 자카르타로 떠나려는 순간, 갑자기 대규모 시위가 일어났고 그 바람에 자카르타 방문은 좌절된다. 닭껍질 튀김을 끝까지 포기하지 못한 양현호 씨는 한 커뮤니티 치킨 갤러리에 KFC 본사에 닭껍집 튀김 출시 요청을 함께하자는 호소의 글을 올렸다.

커뮤니티에서 양현호 씨의 사연이 크게 화제가 되면서 KFC는 2019년 6월 19일 국내에 닭껍질 튀김을 한정 판매했다. 양현호 씨는 일사에프와의 인터뷰에서 닭껍질 튀김을 먹을 수 있어서 너무 감개무량하다며 눈물까지 보였다. 또 자신은 바이럴을 할 이유가 전혀 없고 커뮤니티에 올린 이야기는 자신의 솔직한 경험담임을 밝혔다.

일사에프에서 '닭껍질 빌런'을 소개한 뒤 〈연합뉴스〉, 〈한국

경제〉, 〈매일경제〉 등 많은 언론사에서 양현호 씨의 이야기를 후속 보도했다. 〈위키트리〉에서는 양현호 씨에 대한 일사에프 인터뷰 영상과 함께 닭껍질 튀김 뒷이야기를 전했다. 커뮤니티에는 소소하지만 매력적인 스토리텔링을 가진 아이템이 넘쳐난다. 커뮤니티발 뉴스는 구조상 속보에 약할 수밖에 없는 버티컬 채널의 대안이 된다.

2020년 5월 28일에 온라인상에서 화제가 된 광고가 있었다. 'Fun하고 Cool하고 Sexy한 삼성전자 여름 신제품 노트북 특가 기획전'이었다. 분명히 삼성 노트북의 광고 같은데 문구가 좀 이상했다.

'Fun하고 Cool하고 Sexy한'이라는 문구의 어원은 고이즈미 신지로 일본 환경상이다. 고이즈미 신지로 일본 환경상은 2019년 9월에 열린 UN 기후행동정상회의에서 "기후 변화 간 거대한 이슈는 Fun하고 Cool하고 Sexy하게 대처해나가야 한다"고 이야기 했고, 이 표현이 화제가 됐다. 이후 고이즈미 신지로 환경상은 국내 네티즌 사이에서 일명 '펀쿨섹좌'로 불리게 됐다.

'Fun하고 Cool하고 Sexy한 삼성전자 여름 신제품 노트북 특가 기획전'이란 광고는 유명 온라인 커뮤니티에서 '펀섹쿨좌와 삼성 노트북 콜라보'란 제목으로 쫙 퍼져나갔다. 진짜 삼성 노트북 광고가 맞느냐를 놓고 네티즌들이 설왕설래했다.

광고 상단에 적힌 '2020년 제품은 신제품이란 뜻입니다'란 문구도 고이즈미 신지로 환경상이 발언한 "매일 먹고 싶다는 것이 매일 먹고 있다는 뜻은 아니죠"와 유사한 패턴의 표현이다. "진짜 광고다", "합성과 패러디다"라는 의견이 팽팽히 맞섰다.

또 다른 광고의 문구는 'THIS IS A… PEN!'이 탑재된 삼성 태블릿 한정 수량 특가'였다. 일본의 지상파 방송국 TBS에서 실험한, 일어가 영어보다 침방울이 덜 튄다는 요지의 영상이 이 문구의 출처다. TBS에서는 얼굴 앞에 휴지를 대고 일본어 "고레와 펜데스"와 영어 "디스 이즈 어 펜"으로 각기 발음하게 한 뒤 휴지가 펄럭이는 정도를 측정했다. 이를 근거로 일본어가 영어보다 침이 덜 튀는데 이것이 미국보다 일본이 코로나19 확진자가 적은 이유라고 주장했다. 그 진위를 파악하기 위해 일사에프는 취재를 시작했다.

삼성전자가 광고 목적으로 이런 노골적인 패러디를 했을까 싶어 삼성 측에 확인 결과, "저희가 설마 그런 것을 했을 리 없지 않겠습니까?"라는 답변이 돌아왔다. 알고 보니 한 온라인 쇼핑몰이 출처였다. 자초지종을 알아보니, 해당 쇼핑몰 관계자는 "이벤트 특가전을 준비하면서 페이지를 만들었는데, 노출이 안 돼야 할 페이지가 노출돼버렸다. 만들고 컨펌도 받아야 하는데 갑자기 노출돼서 저희도 당황했다"라고 답했다. 결론적으로 삼성전자와 전혀 관계없는 해프닝이었다.

쇼핑몰 관계자의 걱정과 달리 광고 영상에 대한 댓글은 호의적이었다. 구독자들은 이 같은 해프닝을 다룬 영상을 본 후, 고이즈미 신지로 환경상의 발언과 해당 광고를 섞어 또다시 패러디한 댓글을 달았다.

이거 광고 기획자들 오히려 상 받아야 하는 거 아닌가? 광고의 첫 번째 원칙을 성공한 거잖아. 어그로 끌어 주목받기.

저희는 이번에 특가로 노트북을 내놓았습니다. 왜냐하면 그것이 할인이기 때문입니다.

그걸 내려버리는 당신들은 sexy하지 못하군요.

커뮤니티발 뉴스는 버티컬 채널이 선택한 불가피한 전략이었지만, 커뮤니티에서 발굴한 뉴스 소재는 버티컬 채널의 성장 동력이 됐다. 버티컬 채널의 성장을 지켜본 메인 뉴스 채널 역시 커뮤니티발 뉴스를 만들기 시작했다. 이제 커뮤니티발 뉴스는 메인 뉴스 채널이 다루는 뉴스 소재의 한 축으로 성장했다. 한때 메인 뉴스 채널보다 빠른 속도로 성장하던 버티컬 채널의 성장세가 꺾인 이유 중 하나다. 버티컬 채널의 전략을 기존 뉴스 채널에서 벤치마킹하면서 차별화된 경쟁력이 사라진 것이다. 미디어 전략은 돌고 돈다. 서로 벤치마킹하고 때론 카피한다. 그래서 모니터링이 중요하다.

꼰대 말고 조금 똑똑한 옆집 누나, 가르치려 들지 말자!

디자인이나 마케팅에서 자주 쓰는 '톤 앤 매너'란 말투, 어조를 뜻하는 톤과 태도를 의미하는 매너의 합성어다. 브랜드를 표현하는 일관된 콘셉트를 말한다. 지속적인 톤 앤 매너를 통해 브랜드는 이미지를 형성하고 메시지를 전달한다. 마케팅 용어였던 톤 앤 매너가 보편화되면서 미디어에서도 심심치 않게 사용된다.

강다솜의 〈데일리픽〉, 유수진의 〈아이돈케어〉, 조현용의 〈소비더머니〉, 김바비의 〈돈슐랭〉, 조승원의 〈주락이월드〉 등 일사에프에서 진행되는 코너는 진행자의 톤 앤 매너에 따라 차별화된 고유의 색을 지닌다.

강다솜 아나운서의 톤 앤 매너는 "이런 이야기 들어봤니?", "요즘 핫한 이슈인데 한번 들어볼래?"다. 강요당하는 느낌을 배제하기 위해서다. 세대에 따라 뉴스의 중요도는 다르다. 몰라도 되지만 알아두는 것도 나쁘지 않은 뉴스란 느낌을 전하기 위한 연출이다.

강다솜 아나운서의 뉴스를 접하는 구독자와 친근감을 높이기 위해서 진행자는 기존 뉴스에서 보기 힘든 캐주얼한 의상을 입는다. 때론 후드, 반팔도 입는다. 옆집에 사는 누나가 대화하듯 알려주는 편안한 뉴스가 〈데일리픽〉의 톤 앤 매너다.

〈아이돈케어〉의 톤 앤 매너는 강다솜의 〈데일리픽〉과 확연히 다르다. '쎈캐' 유수진 씨가 '반모'로 진행한다. 반모는 반말 모드의 줄임말이다. 〈아이돈케어〉를 반모로 진행하면서 건방지다는 항의를 받기도 했다. 〈아이돈케어〉의 포커스는 꼭 알아야 할 재테크 상식이다. '돈덕'이로 칭하는 사회 초년생 구독자들에게 꼭 필요한 재테크 상식을 개인적인 장소에서 일대일 강의하듯 전하는 콘셉트다. 일명 '개이득' 술자리 딥 토크. 초기에는 진행자 주위에 커튼을 쳐놓고 테이블에 맥주를 올려놓고 촬영하기도 했다.

'너'한테만 알려주는 재테크 강의를 표현하기 위한 세팅이다.

　PD가 진행자 유수진 씨에게 "언니 제가 돈을 벌잖아요. 신용카드 만들어야 하나요?"라고 질문하면 "신용카드는 금융자산이 1억 이상 있는 분들이나 사용하는 것"이라고 혼내듯이 말한다. 지금처럼 플렉스하면 종잣돈을 만들기는커녕 거지꼴을 못 면한다. 차근차근 재테크 공부하면서 꾸준히 짠테크하지 않으면 지금과 달라질 것이 없다고 외친다. 유수진 씨의 톤 앤 매너는 연출된 것이다. 실제 그녀의 성격과는 차이가 있다.

　〈소비더머니〉 조현용 기자는 무언가 좀 많이 아는 똑똑한 옆집 형이다. 해당 기업의 직원이 아닌 이상 알기 힘든 브랜드 성장의 비하인드를 전한다. 특히 성공 스토리에 초점을 맞춘다. 브랜드와 창업자의 성공 스토리에서 구독자가 무언가 깨닫기를 바라서다. 지금 재벌이라고 불리는 이들에게도 실패와 고난의 순간이 있었다. 위기가 언제 찾아왔고 어떻게 이겨냈는지, 좀 똑똑한 조현용 기자가 현란한 영상 편집에 맞춰 쉴 새 없이 이야기를 전달한다. 청산유수가 딱 맞아떨어지는 단어다.

　각 콘텐츠마다 옆집 누나, 센 언니, 똑똑한 형 등 캐릭터를 설정하고 만들어진 부캐에 맞게 톤 앤 매너를 만들어 간다. 톤 앤 매너는 각자 확연히 다르지만 공통점이 있다. 가르치려 들지 않는다는 사실이다. 질문에 답하듯 이야기한다. 꼰대가 되지 않기 위해서다.

궁금한 지식을 전하되, 구독자에게 맹신을 요구하지 않는다. 콘텐츠를 접한 개개인이 각자의 입장에 맞게 소화하면 된다. 뉴스의 경우 특히 어투를 떠나 열린 결말의 구조를 추구한다. 최대한 논평은 자제한다. 견해와 의견을 줄이고 사실관계만 전하려했다.

우린 지금 콘텐츠의 홍수 시대에 살고 있다. 유튜브에서 찾아볼 수 없는 지식은 극히 드물다. 유튜브 채널은 차별화된 톤 앤 매너에서 경쟁력이 생긴다. 어찌 보면 톤 앤 매너가 전부라고 할 수 있다.

돈슐랭
같은 이야기를 다르게 전달하기

경제 전문 작가 김바비가 진행하는 코너로, 일상적으로 소비하는 F&B 브랜드에 숨겨진 이야기들을 재미있게 풀어내는 콘텐츠다. 누구나 좋아하는 라면부터 SNS에서 큰 반응을 끌어낸 노티드 도넛, 마트 PB 상품 비교 등 모든 음식이 소재가 된다.

기획 스토리

"요즘 핫한 치킨집 투어 어때? 역사 이야기도 좀 하고."

기획 회의 첫 시간에 나온 이야기다. 그런데 검색해보니 비슷한 콘텐츠가 이미 차고 넘쳤다. 경쟁력이 없는 듯해 콘셉트 회의만 수차례 했다. 긴 회의 끝에 특정 아이템이 어떻게 많이 팔릴 수 있었고, 왜 외면받았는지 등의 비하인드 스토리를 전해주면 재밌을 것 같았다. 바로 떠올랐던 연사가 김영준 작가였다. 경제경영 분야 작가인 그가 평소 경제학과 투자이론, 데이터를 바탕으로 늘 신선한 마켓 인사이트를 제시했기 때문이다. 그렇게 나온 첫 아이템이 '치킨'이었다. 무한대로 커지고 있는 치킨 시장에서 1, 2, 3위를 다투는 BBQ, 교촌, BHC가 어떻게 성장해왔는지 쭉 따라가봤다. 치킨 프랜차이즈라는 시장에서 세 브랜드가 서로 치열하게 경쟁한 흔적이 남아 있어 '이거다!' 싶었다. 만들다 보니 방향성은 더 선명해졌다. 한 아이템을 두고 벌어지는 기업 간의 치열한 경쟁, <돈슐랭>이 들려주고 싶은 이야기는 여기에 있다.

잘나간다는 먹방을 빠지지 않고 다 봤다. 그중 모두가 빠트리지 않고 먹는 게 불닭볶음면이었다. 게다가 일정 정도의 조회 수까지 보증했다. 역사가 짧은 편이라 유의미한 결론을 끌어낼 수 있을까 고민했지만, 김영준 작가와 논의를 통해 불닭볶음면이 탄생한 배경과 한국인은 언제부터 매운맛에 열광했는지를 따라가보기로 했다. 먹방이 아니라 걱정했는데 굉장히 많이 봐주셨다. 많은 소비자가 이미 경험해본 데다 마니아층도 두터워 자신의 생각을 댓글로 남겨주시는 분도 많았다. 이후 매운맛 아이템과 라면 아이템은 올리는 족족 예외 없이 성과를 냈는데, 이 점을 생각했을 때 불닭볶음면은 최고의 아이템이었다. 덕분에 <돈슐랭>이라는 코너가 알려진 계기가 됐으니 감사한 일이다.

제작할 때 기사만큼 많이 보는 것이 커뮤니티와 SNS의 '반응'이다. 뉴스보다 이슈 대응이 빠르고 날 것의 반응이 쏟아지기 때문. 기사 속에 나오는 어떤 아이템의 경우 매출은 저조할지 몰라도 커뮤니티 안에선 폭발적인 반응이 있을 때가 많기 때문에 유심히 살피고 있다
처음엔 미슐랭, 한신포차, 세븐브루이같이 SNS 알고리즘과 맞닿아 있는 특별한 아이템 위주로 찾았다. 하지만 결국 터지는 것은 스타벅스, 라면, 스팸 같은 아이템이었다. 의외로 사람들은 이미 본 콘텐츠도 다시 보곤 했다. 이후로는 대중적인 아이템을 다른 시각으로 전달하는 방식을 택했다. 같은 이야기를 다르게 전달하기, 지금 <돈슐랭>이 추구하는 전략이자 핵심 포인트다.

PART 2

터지는 콘텐츠는 어떻게 만들어지는가?

뉴미디어 인사이트 8

TOPIC

많이 봐야
특별한 것을
찾아낼 수 있다

사람들의 생각을 안다는 것은 굉장히 중요하다. 가령 제작 중인 콘텐츠에 사람들이 생각하는 부정적인 이미지나 내용을 포함하지 않을 수 있다면, 조회 수를 떠나서 일단 제작자 입장에서는 가장 큰 부담을 덜어낸 것이다.

뉴스는 꼭 챙겨 보자

사람들을 만나면 늘 받는 질문이 있다. 아이템은 어떻게 찾는지, 어떤 사이트에 쓸 만한 아이템이 많은지, 쓸 만한 아이템 여부는 어떻게 판단하는지 등. 이른바 영업 비밀을 자꾸 알려달라고 한다. 아이템 선택 기준은 주관적이라서 실제로 시도한 방법밖에 이야기해줄 수 없다. 다행히도 많은 사람이 그때 말해준 방법이 큰 도움이 됐다며 앞으로도 계속 그 방법을 유지하겠다고 말해준다. 그래서 비슷한 고민 중인 사람이 있다면, 도움이 될 수도 있겠다는 생각에 일사에프의 아이템 발굴 방법을 공유해본다.

가장 큰 도움을 받는 것은 뉴스 기사다. 너무 당연한 이야기라 실망했다면 미안하지만, 있는 그대로의 사실이다. 유튜브에 소개되는 거의 모든 지식 정보 콘텐츠는 뉴스로 이미 알려진 내용을 재가공한 것이다. 하지만 내 주변만 둘러봐도 뉴스를 직접 찾아서 보는 사람은 그리 많지 않다. 세상살이가 바쁘고 뉴스 말고도 볼거리가 너무 많아서 마음먹고 챙겨보기가 생각처럼 쉽지 않기 때문일 것이다.

뉴스는 24시간 생산된다. 마음만 먹으면 언제든지 원하는 정보를 찾을 수 있으니까 대수롭지 않게 여길 수도 있다. 그렇지만 정보를 제공하는 콘텐츠를 기획하고 있다면, 뉴스를 빼먹지 않고 꼭 챙겨서 봐야 한다. 아침에 한 번, 저녁에 한 번은 꼭 인터넷에 접속해서 현재 이슈이거나, 될 가능성이 높은 뉴스를 확인한다. 언론사 홈페이지에 들어가 보면 정치, 경제, 사회, 문화 등 주제별로 깔끔하게 구분된 수많은 기사를 볼 수 있다. 제목과 헤드라인 위주로 빠르게 훑어보다가 눈길이 가면 자세히 살펴보는 편이다. 다른 사람들과 차이가 있다면, 모든 분야의 뉴스를 다 본다는 것이다. 이렇게 말하면 "정말 모든 분야를 다 보느냐?"는 질문을 받는데, 정말 모든 분야를 다 챙겨본다.

이런 식으로 뉴스를 보는 이유는 아주 명확하다. 사람들의 관심을 끌 만한 콘텐츠의 소재가 뉴스에 전부 있기 때문이다. 지금 바로 포털 사이트 뉴스 카테고리에 들어가 보면, 전문가가 아니더라도 인기 있는 기사와 없는 기사가 무엇인지 10초 안에 파악할 수 있을 것이다. 인기는 별로 없지만 흥미로운 기사, 어제보다 오늘 더 관심을 많이 받는 기사도 찾을 수 있다.

뉴스 기사는 대체로 무미건조하고 재미없다. 만약 사람들이 알고 싶은 정보가 이해하기 어렵고 재미없는 탓에 인기 없을 뿐이라면? 이해하기 쉽고 재미있게 만들면 된다! 남들이 미처 알지 못했던 새로운 주제를 찾아내는 것도 방법이지만 시간과 비용이 많이 들고, 또 새로운 주제를 찾는다고 해도 관심을 보이지 않을 수도 있다. 반면, 관심을 덜 받는 주제를 잘 찾아낸 다음 스토리텔링과 디자인 작업을 해서 보기 좋은 콘텐츠로 만들어낸다면? 효율도 챙기고 좋은 반응도 얻어낼 수 있다.

사람들 생각 엿보기

좋은 아이템을 찾아내려면 꾸준히 뉴스를 봐야 한다. 그렇다면 아이템을 찾은 다음에 할 일은 무엇일까? 일반적으로는 출연자 섭외나 이야기의 뼈대를 잡는 구성 단계로 넘어갈 것이다. 이때 잊지 말고 꼭 확인해야 할 것이 하나 있다. 모든 과정을 통틀어서 가장 중요하고 우선시돼야 하는 일. 바로 우리가 선택한 아이템에 대한 사람들의 생각을 엿보는 작업이다.

사람들의 생각을 엿본다는 것은 말 그대로 내가 선택한 주제를 사람들이 어떻게 생각하는지 파악한다는 것이다. 아직 존재하지도 않은 콘텐츠의 반응을 어떻게 파악하냐고? 최신 이슈만 골라 제작하는 〈데일리픽〉과 〈이슈픽〉을 담당할 때, 아이템이 채택되자마자 국내 유명 커뮤니티 사이트들에 접속했다. 10개 정도의 커뮤니티 사이트를 수시로 드나들면서 이슈에 대한 사람들의 반응을 살폈다.

커뮤니티에 접속해본 사람이라면 알겠지만, 정치·경제·사회·문화·연예·스포츠·해외 등에서 발생한 웬만한 이슈에 대한 대부분의 반응을 확인할 수 있다. 전파 속도도 빨라 가상자산인 암호화폐는 물론 연예, 스포츠, 해외 이슈는 커뮤니티에서 먼저 접하고 이후 자세한 소식은 뉴스에서 확인하는 경우도 많다. 종류도 다양하고 커뮤니티마다 색깔도 다르지만 5~6개 정도 모니터하면 특정 이슈에 대한 사람들의 반응은 충분히 살필 수 있다.

커뮤니티란 불특정 다수가 모여 자신의 관심사를 공유하고 토론하는 공간이다. 하루도 빠짐없이 다양한 정보와 의견이 올라오고, 사람들은 댓글로 자기 생각을 드러낸다. 정제되지 않은 과

격한 표현이 난무하고 극단적인 신경전도 펼쳐지지만, 이 과정을 살펴보면 사람들이 어떤 부분을 긍정적 또는 부정적으로 바라보는지 알 수 있다.

사람들의 생각을 미리 아는 일은 굉장히 중요하다. 가령 제작 중인 콘텐츠에 사람들이 생각하는 부정적인 이미지나 내용을 포함하지 않을 수 있다면, 조회 수를 떠나서 제작자 입장에서는 가장 큰 부담을 덜어낸 것이다. 문화 갈등, 빈부 격차, 인종 차별, 성 갈등, 지역감정 같은 민감도 높은 주제는 그 내용과 이미지에 대한 철저한 사전 검증이 필요하다. 만약 이런 주제를 다뤄야만 한다면 커뮤니티에 시간을 투자해 미리 사람들의 목소리를 들어야 한다. 일사에프 채널도 냉정하고 객관적인 시각을 유지하기 위해 콘텐츠 제작 전에 여러 사람의 의견을 반영한다.

유튜브 같은 동영상 기반의 플랫폼에는 콘셉트가 유사한 채널이 셀 수 없이 많다. 이런 레드오션에서 생존하기 위해서는 색다른 콘셉트가 필요하다. 그 콘셉트를 찾는 방법으로 적극적인 커뮤니티 활용을 권하고 싶다. 사람들은 자신과 생각이 비슷한 사람들과 어울리기 마련이다. 관심사가 생기면 누가 시키지 않아도 적극적으로 탐구한다. 커뮤니티는 사람들이 관심사를 공유하며 목소리를 낸다는 점에서 활용도가 높다. 매일 책상에 앉아서 합법적으로 사람들의 생각을 엿보는 방법이다. 나는 여기서 얻은 정보를 콘텐츠 제작에 활용해왔으며 지금 이 순간도 열심히 활용하고 있다.

사람들이 관심 가질 만한 주제와 아이템을 찾는 방법으로 뉴스와 인터넷 커뮤니티를 잘 챙겨보라고 권했다. 세상에 없는 새로움을 추구하는 것이 아니라면 이 두 가지만 꾸준히 실천해도 아이템을 찾지 못해서 머리 아플 일은 확 줄어든다. 물론 뉴스와 커뮤니티도 새로운 아이템을 찾는 방법으로는 한계가 있다. 언젠가 경쟁이 더 치열해져서 이 방법이 통하지 않게 되면, 생존과 성장을 위해 또 다른 방법을 찾아야 한다.

일찍 일어나는 새가
더 많은 벌레를 잡는다

'일찍 일어나는 새가 벌레를 잡는다'는 말이 있다. 그렇다. 벌레를 잡으려면 일찍 일어나야 한다. 일사에프의 뉴스 콘텐츠 아이템 발제는 아침 일찍 시작된다. 아이템 발제 시간을 누가 정해놓은 것은 아니지만, 언제부터인가 오전 7시 30분이 되면 업무용 메신저에 아이템으로 다룰 만한 기사 링크가 올라오기 시작했다.

기자 생활을 할 때는 새벽 6시에 일어나서 밤사이 출입처에서 발생한 사건 사고와 당일 일정을 파악해야 했다. 이 시간에 기사를 검색하고 아이템을 발제하는 것이 일상이었다. 그런데 보도국에서는 당연하던 일이 디지털 콘텐츠 제작 부서에 오자 특별한 일이 됐다. 사실 아침 뉴스는 전날 밤에 기사로 나왔던 소식과 밤사이 발생한 사건 사고 소식이 대부분이다. 그런데 오직 한 분야에서만 전날 밤에도 알 수 없는 새로운 정보가 이른 아침에 올라온다. 바로 해외 언론사에서 올리는 뉴스(외신)들이다.

CNN, BBC, FT(파이낸셜타임즈) 등 해외 유명 언론사 사이트에 들어가서 헤드라인에 어떤 기사가 올라와 있는지 살펴본 적이 있는가? 아침 일찍 일어나서 해외 언론사 사이트에 접속해보라. 한국에서 접하기 어려운 소식을 콘텐츠로 만들면 차별화될 수 있다. 특히 해외 언론이 한국과 관련된 기사를 썼다면? 긍정적이든 부정적이든 99% 제작 가능한 아이템이다. 관건은 제작 속도다. 해외 콘텐츠는 누가 만들어도 좋은 결과를 기대할 수 있기 때문에 최대한 빨리 아이템을 찾아서 제작하는 쪽이 이길 수밖에 없다.

일찍 일어나는 새가 된 덕에 일사에프는 결과적으로 외신의 덕을 톡톡히 볼 수 있었다. 앞부분에는 이슈를 소개하고, 뒷부분에는 이슈에 대한 국내외 반응을 붙였더니 다른 채널에서는 볼 수 없는 새로운 콘텐츠가 완성됐다. 뉴스에서 흔히 사용하는 방식이지만, 유튜브에서 해외 소식을 이렇게까지 다루는 채널은 그리 많지 않다. 이로써 구독자들에게 우리가 해외 이슈까지 다룬다는 인식도 심어주면서 조회 수도 높일 수 있었다. 새로운 것을 찾고 싶다면, 일찍 일어나서 인터넷을 통해 전 세계 이슈를 살펴보자. 유의미한 정보를 발견하는 순간, 아주 특별한 아침을 맞이할 수 있을 것이다.

BRANDING

보이지 않는 차이가 아니라 보이는 차이를 만들어라

보이지 않는 차이가 아니라 보이는 차이를 만들어서 구독자에게 일사에프 채널의 이미지를 각인시키기 위한 노력을 해왔다. 그 노력은 지금도 계속되고 있으며, 이 전략을 통해 우리는 운이 좋게도 지금까지 성장할 수 있었고 앞으로도 계속 성장할 거라 믿는다.

채널 브랜딩이 뭐야?

　일사에프의 핵심 가치는 무엇일까? 뉴스를 전달하는 모바일 채널? 혹은 소소하지만 유익한 정보 채널? 일사에프의 핵심 가치는 '세상 돌아가는 걸 알려주는 모바일 채널'이다. 세상이 어떻게 돌아가는지 모를 정도로 일상에 치여 사는 사회 초년생들에게 소소하지만 생활에 도움이 되는 정보를 전하고 싶었다. 그렇다면 일사에프가 추구하는 핵심 가치가 구독자들에게 제대로 전달되고 있을까?

　SNS 채널 특성상, 장시간 시청하지 않으면 구독자는 낱개의 콘텐츠로 영상과 채널을 이해한다. 따라서 일사에프 채널이 지향하는 가치를 구독자에게 제대로 전달하려면 채널 브랜딩이 필요하다. 채널 브랜딩은 채널의 콘셉트와 가치를 소비자가 쉽게 이해할 수 있게 도움을 주는 일련의 작업들을 의미한다.

채널 브랜딩의 주요 요소는 네이밍*naming*과 로고*logo*, 키 컬러*key color*, 슬로건*slogan* 등이 있다. 한눈에 보고 이해하는 네이밍과 로고가 채널 브랜딩의 시작이다. 앞에서도 말했듯 일사에프의 네이밍은 14F, 즉 14층 사람들에서 시작되었다. 사실 원래 뜻은 '14가지 가치를 전달하는 채널'이었지만, 지나치게 진지(진부)해 차라리 제작 장소인 14층을 나타내는 일사에프로 표시하고 14층 사람들로 부르자는 의견을 따르기로 했다.

일사에프란 네이밍에는 채널의 탄생과 다른 유튜브 채널과의 차이점에 대한 구체적인 스토리텔링이 담겨 있다. 네이밍을 통해 이미지를 스토리로 구체화할 수 있다. '일사에프'란 이름을 통해 구독자들은 MBC 14층에서 매일매일 콘텐츠를 제작하는 제작진을 떠올리게 된다. 일사에프는 채널명이자 콘텐츠를 제작하는 주체인 우리들, 그리고 우리들이 모여 있는 장소를 의미한다. 콘텐츠가 세 개 이상 올라가는 날 "편집자님, 만약 14층에 감금돼서 일하고 계신다면 당근 이모티콘을 올려주세요. 제가 구하러 가겠습니다" 같은 댓글이 자주 달리는 이유다. 구독자들은 14층 사람들이 어떻게 일하는지 궁금해하는 듯하다.

강다솜 아나운서의 〈데일리픽〉을 시작으로 코너가 하나둘씩 늘어날 때마다 일사에프란 이름이 지닌 의외의 효용성을 발견할 수 있었다. 새로운 코너를 진행하는 다양한 인플루언서 모두가 14층 사람들로 인식된 것이다. 강다솜, 유수진, 조현용, 조승원 등 일사에프의 페르소나들이 사회 초년생을 위해 주제는 소소하지만 깊이 있는 내용을 담은 콘텐츠를 만드는 공간. 그곳에 모인 14층 사람들이다.

채널의 얼굴, 로고 디자인

브랜딩에서 네이밍만큼 중요한 요소는 로고이다. 다음은 일사에프의 첫 로고 디자인과 현재 사용하는 로고 디자인이다.

일사에프의 첫 로고와 현재 사용하고 있는 로고.
가독성이 높아졌으며, 더 심플해진 디자인이 한눈에 보인다.

왼쪽 로고가 2018년 7월에 제작된 일사에프의 첫 로고 디자인이다. 오른쪽이 2022년 1월에 제작된 현재 사용 중인 로고 디자인이다. 다섯 차례 수정을 거쳐 지금의 로고 디자인이 탄생했다. 첫 번째와 여섯 번째 로고는 컬러와 디자인에서 확연히 차이가 난다.

첫 로고의 단점을 보완한 2차 로고. 가독성을 높이기 위해 최대한 디자인을 단순화했다.

첫 로고 디자인은 한눈에 읽히지 않아 가독성이 떨어지고 복잡하다는 평가를 받았다. 2차 로고 디자인의 핵심은 단순화였다. 컬러 또한 명확해졌다. 2차 로고 디자인에 사용한 컬러가 지금의 일사에프의 메인 컬러가 됐다.

스브스뉴스, 비디오머그, 엠빅뉴스 등에 비해 후발 주자였던 일사에프가 선택할 수 있는 메인 컬러는 많지 않았다. 처음에 원했던 푸른색 계열은 이미 타 채널에서 사용 중이었다. 차선으로 선택한 컬러가 민트와 네이비였다.

2차 로고 디자인을 통해 일사에프 컬러 정체성이 생겨났지만, 지나치게 복잡해 보인다는 점을 해결하기 위해 로고를 단순화시켰고 그 과정에서 가독성이 떨어진다는 또 다른 문제점이 발생했다.

채널 정체성을 표현하기 위해 말풍선 모양으로 디자인한 3차 로고.

3차 로고는 둥근 말풍선을 추가해 궁금한 이야기를 묻고 답하는 채널 정체성을 표현했다. 2019년 4월, 4차 수정을 통해 1과 4를 분리하고 F를 추가해서 로고가 직관적으로 읽힐 수 있도록 디자인을 변경했다. 4년 남짓한 시간 동안 여섯 차례 로고 디자인이 수정됐다.

로고는 채널의 얼굴이다. 유튜브 이용자는 채널을 로고로 인

일사에프의 로고 변천사.
채널의 이미지를 한눈에 보여주기 위해 여러 차례에 걸쳐 브랜딩한 결과물이다.

식한다. 애정을 갖고 관리해야 할 채널 브랜딩의 핵심 이슈다. 로고 디자인을 계속 수정하는 이유는 164만 구독자에게 일사에프가 여전히 성장하는 채널이라는 이미지를 주기 위해서다. 유튜브 이용자들은 채널에 열광하다가도 갑자기 싫증을 느낀다. 작은 변화에도 민감하게 반응하는 자세와 몸부림에 가까운 지속적인 채널 브랜딩이 필요한 까닭이다.

썸네일, 콘텐츠에 패션을 입히다

로고가 채널의 얼굴이라면 썸네일은 콘텐츠의 얼굴이자 대문이다. 많은 구독자가 썸네일을 보고 콘텐츠를 선택한다.

"아니 왜 안 보지? 이렇게 재미있는데?"

제작진이 가장 궁금한 점이다. 이유가 무엇일까? 문제가 무엇일까? 이 질문의 답은 대부분 썸네일에서 찾을 수 있다. 썸네일을 보고 영상을 볼지 말지 판단하기 때문에 썸네일에 조회 수가 달렸다 해도 과언은 아니다.

썸네일은 조회 수를 담보할 뿐만 아니라 시청하는 콘텐츠의 출처를 확인하는 기준이 된다. 구독자들은 사용된 로고, 색, 폰트를 통해 직관적으로 출처를 확인하고 클릭한다. 썸네일만 봐도 콘텐츠가 어디에서 제작됐는지 알 수 있다. 따라서 썸네일에 반드시 채널 정체성이 묻어나야 한다. 폰트와 컬러를 자주 바꿔서는 안 되는 이유이기도 하다. 사용된 로고와 폰트, 컬러를 일관되게 노출시켜 구독자에게 채널 이미지를 각인시켜야 한다.

지금이야 어느 정도 형식을 갖추었지만, 일사에프 초기 썸네일은 정말 날것이었다. 별도의 이미지를 쓰지 않고 매번 스튜디오에서 촬영한 뒤 잘 나온 장면을 편집해 사용했다. 특징이라고는 전혀 찾아볼 수 없었고, 스타일이 전부 비슷해서 정작 눈에 띄어야 할 제목이 눈에 들어오지 않았다.

2019년에는 강다솜 아나운서가 진행하는 〈데일리픽〉에서 특정 주제를 깊이 있게 탐구하는 〈스페셜〉, 인터뷰 코너인 〈무엇이든 물어봐 앙!〉, 그날의 이슈를 자막으로 정리하는 〈이슈픽〉 등으로 코너가 늘어났다. 코너별로 차별화시키면서 일사에프의 통합적 이미지를 만들기 위해 썸네일 정리가 필요했다. 오른쪽 상단에 일사에프 로고를 배치하고 제한된 폰트로 통일감을 줬다. 민트가 메인 컬러이지만 퍼플, 레드 등 서브 컬러를 사용해 코너별 차별화를 시도했다.

일관성 있는 폰트와 로고로 통일감을 주고, 코너마다 다른 컬러로 개성을 표현한 썸네일.

썸네일도 로고처럼 계속 디자인이 수정됐다. 일사에프가 다양한 장르와 주제를 소화하는 채널인 만큼 각 코너를 담당하는 PD의 취향 역시 각양각색이다. 색이 다른 코너를 제작하면서 완벽히 통일된 썸네일만 사용하기는 어려웠다. 그럼에도 채널 정체성을 지키기 위해 각 코너의 PD들에게 기본 가이드라인을 지켜

달라고 끊임없이 요구했다.

일사에프의 썸네일을 보면, 코너마다 각각의 개성이 드러난다. 공통적으로 적용하는 것은 역시 기본 디자인인데, 왼쪽 상단에 코너 이름을 넣고, 오른쪽 상단에는 코너별로 다른 색깔의 일사에프 로고가 들어간다. 이렇게 하면 구독자가 채널에 있는 코너들을 구분하기가 쉽고, 'Made in 일사에프' 느낌이 나기 때문에 해당 콘텐츠에 일사에프 채널의 정체성과 통일성을 부여하는 효과를 줄 수 있다.

일사에프의 썸네일 전략은 보기 좋게 만드는 것에 그치지 않는다. 보이지 않는 차이가 아니라 보이는 차이로 구독자에게 일

왼쪽 상단에 코너 이름, 오른쪽 상단에는 일사에프 로고를 사용해
채널의 정체성을 표현하는 썸네일.

사에프의 이미지를 각인시키기 위해 노력해왔다. 그 노력은 지금도 계속되고 있다. 이 전략을 통해 지금까지 채널이 성장할 수 있었고, 앞으로도 계속 성장해나갈 수 있으리라 믿는다.

무엇을 이야기할 것인가, 채널 슬로건

슬로건은 채널의 핵심 가치와 비전이 짧고 명료하게 정리된 문장이다. '뉴스엔 위아래가 없다.' 스브스뉴스의 슬로건이다. 사회 의제를 설정하는 뉴스든 커뮤니티에서 소소하게 소비되는 뉴스든 위아래가 없다는 뜻으로 읽힌다. 서브 채널의 정체성을 잘 표현되었다.

일사에프에 딱 맞는 슬로건을 찾기 위해 공모전을 열었다. 참여자들은 제작진들이었다. 1위에 상품을 걸었다. 일단은 사회 초년생이라는 타깃에게 제공할 일사에프의 가치가 잘 반영됐으며 일사에프의 방향성과 전략까지 잘 담겨 있다면 금상첨화라고 생각했다.

구독자는 슬로건으로 채널의 정체성을 이해하므로, 슬로건은 구독자의 취향을 이해하고 공감을 이끌어내야 한다. 다양한 장르

제작진 공모를 통해 탄생한 일사에프의 슬로건.
한 문장 안에 채널의 정체성을 드러낼 수 있도록 했다.

의 코너를 아우르는 종합 편성 채널 일사에프는 사회 초년생을 위한 정보, 오락성 콘텐츠를 제공한다. 다양한 취향을 아우를 수 있는 단어를 찾아야 했다. '뉴스'를 배제하고 '세상 돌아가는 이야기'를 핵심 단어로 정했다.

'세상 돌아가는 건 알아야지'가 강압적인 뉘앙스로 받아들여지지는 않을까 하는 걱정에 맨 앞에는 '우리'라는 단어를 배치했다. '우리'라는 단어가 공감대를 만들어주지 않을까 기대했다. 그렇게 "우리, 세상 돌아가는 건 알아야지"라는 일사에프의 슬로건이 만들어졌다.

채널 브랜딩의 마무리는 상표권 등록이다. 공들인 브랜딩의

□ 등록 🔒 [2] 14F

공보

상품분류 : 38
출원(국제등록번호) : 4020200138576
등록번호 : 4017879100000
출원공고번호 : 4020210097672
도형코드 : 011521 260418 261525
최종권리자 : 주식회사 문화방송

출원인 : **주식회사 문화방송**
출원(국제등록)일자 : 2020.08.06
등록일자 : 2021.10.15
출원공고일자 : 2021.07.29
대리인 : **최효선**

상표권 등록을 마친 일사에프 브랜드.
일사에프라는 브랜드의 소유권과 권리는 MBC에 있다.

소유권을 지키기 위해서다. 특허정보 검색서비스 kipris에 일사에프를 검색하면 상표권이 등록된 일사에프 로고와 네이밍을 찾을 수 있다.

일사에프는 2021년에 10월에 제09류, 제38류 통신업, 방송업 관련 상표 등록을 마쳤다. 유사한 상표나 도용으로 분쟁이 생길 위험을 방지해주기에, 상표 등록은 반드시 해야 한다.

끊임없는 실패와 실험이 필요하다

소비자는 일사에프를 어떻게 기억할까? 14층 사람들, 민트색 로고, 강다솜·김바비·조승원 등의 페르소나, 인플루언서가 진행하는 익스플레인 콘텐츠, MBC 유튜브 채널로 소비자의 인식 속에서 혼재되어 있을 것이다. 일사에프 채널 브랜딩은 여전히 실패와 실험의 연속이다.

4년이 넘는 시간 동안 매일매일 메시지를 생산하고 구독자들에게 전달해왔다. 그동안 셀 수 없이 많은 메시지들로 "이 채널은 어떤 채널이구나"를 소비자들이 느낄 수 있게 애써왔다. 뉴스인 듯 아닌 듯한 콘텐츠, 독하지도 너무 착하지도 않은 논조로 다양한 장르의 콘텐츠를 만드는 14층 사람들.

분명한 것은 일사에프가 브랜딩이 완벽하게 이뤄진 채널은 아니라는 것이다. 〈소비더머니〉, 〈별다리 유니버스〉는 일사에프에서 독립한 유튜브 채널이다. 〈소비더머니〉는 기업과 브랜드 이야기, 〈별다리 유니버스〉는 외국인 친구들이 알려주는 각 나라 이야기를 전한다. 이에 비해 일사에프는 전달하려는 가치와 메시지가 불명확하다.

변명하자면 제약 요소가 많았다. 우선 제작하는 콘텐츠의 주제가 불명확하다. 사실 너무 많은 주제의 코너를 운영한다. 이유는 있다. 50명에 가까운 제작진들이 이 채널을 통해 먹고살아야 한다. 매출과 수익을 내기 위해 다양한 장르와 주제의 콘텐츠가 필요했다. 저마다 제작하고 싶은 콘텐츠의 장르와 주제도 다르다.

정교한 브랜딩을 위한 해결책이 없는 것은 아니다. 계속해서 새로운 채널로 코너를 분리하는 것이다. 여기에 또 다른 고민이 따른다. 새로운 채널에서 지금과 같은 조회 수를 기대할 수 있을까? 이런 상황 속에서 채널과 콘텐츠를 통일된 색으로 맞추기는 솔직히 버거웠다.

차선책이 '세상 돌아가는 이야기'란 슬로건 아래 장르와 주제가 서로 다른 콘텐츠를 모아 담는 것이었다. 클릭하면 소소하지만 확실히 삶에 도움이 되는 콘텐츠를 볼 수 있다는 믿음을 주려고 노력했다. 브랜딩이란 단어를 넘어 구독자에게 우리의 진심이 통하길 바란다.

TARGET

M과 Z,
공통점보다
차이점에
더 집중하라

관심사와 콘텐츠 소비 패턴으로 목표 구독자를 설정하는 디지털 콘텐츠 시장에서는 MZ가 아니라 M과 Z로 나눠서 생각하고 대응해야 승산이 있다.

비슷하면서도 다른 M과 Z

한국 나이로 40대 초반은 디지털 대표 세대로 불리는 MZ세대에 해당한다. 그런데 이 나이대가 디지털을 대표하는 세대가 맞나 싶은 의문스러울 때가 있다. 회의하거나 식사할 때 2030 후배들이 사용하는 신조어와 밈이 이해가 안 될 때가 특히 그렇다. 그럼에도 후배들과 똑같이 MZ세대로 묶여 있다. 대화하며 세대 차이를 느낄 때마다 그들과 내가 같은 세대로 묶이는 것이 마냥 놀랍다.

MZ세대는 1980년부터 1995년까지 출생한 M세대(밀레니얼 세대)와 1996년부터 2010년 초반까지 출생한 Z세대를 아울러 부르는 말이다. 그러니까 2022년 기준으로 한국 나이 26~43세는

M세대, 11~25세는 Z세대가 된다. 13~43세가 MZ세대인 것이다. 10대부터 40대 초반까지를 한 세대로 묶은 셈이다. 사회학이나 인구통계학적 측면에서는 이렇게 나눌 수 있다고 해도 콘텐츠 제작자 입장에서 MZ세대는 구독자를 어떤 기준으로 나눠야 할지 막막하기만 한 최고난도의 문제였다.

40대 초반이 초등학교 6학년, 중학교 1학년인 학생들과 같은 세대라고? 그렇다면 모두 한자리에 모여서 MZ세대의 최대 관심사 중 하나인 재테크에 관한 대화를 이어나갈 수 있을까? 아마 40대 학생들을 앞에 두고 통장 만드는 방법부터 시작해 차근차근 재테크에 대해 설명해줄 수 있을 것이다. 반대로 LOL League of Legends 같은 게임에 관한 대화는 이어나갈 수 있을까? 아마도 10대 학생들이 나를 가까운 PC방으로 데려가 계정을 만드는 법부터 캐릭터와 아이템까지 차근차근 설명해주어야 할 것이다.

MZ세대 내 최대 나이 차가 32년이니까 M과 Z는 부모와 자식일 수도 있다. 실제로 나와 중학생 아들은 모두 MZ세대에 해당한다. 아들한테 우리는 같은 세대라고 했더니, 자기 또래들끼리 많이 하는 게임과 밈을 맞춰보라며 몇 가지 퀴즈를 냈다. 정말이지 하나도 맞힐 수가 없었다. 이렇듯 MZ세대 안에서도 세대 차이와 문화 차이가 존재할 수밖에 없다.

10대와 20대, 30대와 40대의 경험이 같을 수는 없다. 그렇다면 M과 Z는 뭐가 비슷하고 또 다를까? M이든 Z든 어릴 때부터 디지털에 익숙하다는 점은 비슷하다. 디지털 환경 변화에 대한 대응이 유연하고 사고방식이 자유롭다는 점은 분명 닮은 점이다. M은 숏폼보다는 롱폼을 선호하면서 트렌드에 민감한 편이고, Z는 롱폼보다 숏폼에 익숙하고 유행보다 자기만족에 진심이라는 점이 다르다. 롱폼과 숏폼에 대한 선호, 트렌드에 대한 민감도 부분에서 M과 Z는 추구하는 바가 다르기 때문에 기획 단계에서부터 목표 구독자 세분화가 우선시돼야 한다.

MZ세대는 콘텐츠 시장에서 가장 비중이 높은 활발한 구독자들이다. 다시 한번 강조하지만, 관심사와 콘텐츠 소비 패턴으로 목표 구독자를 설정하는 디지털 콘텐츠 시장에서는 MZ가 아니라 M과 Z로 나눠서 생각하고 대응해야 승산이 있다. 공통점보다는 차이점에 더 집중해야 한다.

공통점 하나만을 앞세워서 MZ세대를 한곳에 몰아넣는 콘텐츠를 제작하면 처음에는 잘될 수도 있지만, 머지않아 한계에 다다르게 된다. 시간이 지나면 구독자들은 소속감을 느낄 수 있는 채널을 찾아 떠난다. 구독자를 MZ세대로 정했다면 처음부터 M과 Z를 구분하는 것도 나쁘지 않은 선택이다.

일사에프도 처음부터 MZ를 M과 Z로 분리했지만, 생각의 확장이 한두 달 노력으로 되는 일은 아니다. 일하면서도 채워지지 않는 부족함을 느꼈다. 특히 Z세대에 대해서는 책이나 공부로 이해하는 데 한계가 있음을 깨달았다. 이 문제는 Z세대가 있어야만 해결할 수 있다는 결론에 이르면서 2022년 상반기 무려 여섯 명의 대학생 인턴을 채용했다. 이들의 의견이 반영되면서 일사에프에도 Z세대의 관심을 끌 만한 콘텐츠들이 등장하기 시작했다.

공통 관심사는 시간, 인간관계, 돈

MZ세대는 유튜브에서 콘텐츠를 소비하는 VVIP급 구독자 층이다. 여기 해당하는 13~43세의 인구수는 약 1,700만 명(2022년 기준)으로 총 인구수의 3분의 1을 차지한다. 디지털 콘텐츠 시장에서 MZ세대는 인체의 중심인 허리라고 할 수 있다. 이들을 빼고 디지털 콘텐츠를 논한다는 건 어불성설이다. 만약 유튜브 같은 동영상 콘텐츠 시장에서 무언가 해보려고 마음먹었다면, 성공할 수 있는 해답이 이미 나와 있다. MZ세대 누구나 관심을 가질 만한 주제만 찾으면 된다.

일사에프도 MZ세대 덕에 탄생했다. 채널의 브랜딩, 디자인, 컬러, 슬로건 등 모든 것이 MZ세대에 맞춰져 있다. 우리는 MZ세대가 필요로 하는 콘텐츠를 파악하려 노력했지만, M과 Z는 비슷하면서도 다르다. 모두를 99% 만족시킬 수 있는 주제를 찾는 것은 생각처럼 쉽지 않았다. 지난 4년간 수천 개의 콘텐츠를 만들면서 일사에프는 M과 Z가 모두 보고 싶어 하는 주제로 재미있게 콘텐츠를 제작하기 위한 다양한 방법을 연구했다. MZ세대의 공통 관심사는 분명히 존재한다. 발견하기가 어려울 뿐이다. 지금부터 경험으로 습득한, MZ의 공통 관심사를 찾아내는 방법을 소개하겠다. 원초적이라고 생각할 수 있지만, 효과만큼은 최고였다는 점을 미리 말해둔다. 먼저 질문을 하나 던지겠다.

"현재 가장 마음이 끌리는 관심사가 무엇인가?"

40대이자 MZ세대인 나의 현재 관심사는 재테크와 여행이다. 동료에게 같은 질문을 던졌더니 부동산과 자동차라고 했다. 30대 남자 후배는 결혼과 내 집 장만, 30대 여자 후배는 이직과 연봉이라고 답했다. 20대인 인턴과 신입 팀원들은 취업과 자기계발, 운동, 해외여행, 연애, 게임 등 관심사가 다양했다. 비슷한 것도 있고 아예 관계없는 것도 보이지만, 아무튼 분류는 가능해 보인다. 첫 번째 질문에 대한 답변을 분류한 뒤, 두 번째 질문을 이어

갔다.

"그럼 이것들을 이루기 위해 지금 가장 필요한 것이 무언가?"

이 질문에 대한 답변은 의외로 간단하고 명확했다. 원하는 것을 살 수 있는 돈과 공부나 게임, 여행 등을 충분히 할 수 있는 시간, 그리고 이것들을 함께할 친구가 필요하다고 했다.

첫 번째 질문의 경우 답변할 사람이 더 있었다면 관심사에 대한 공통분모를 더 명확하게 파악할 수 있겠지만, 두 번째 질문의 답변을 들어보니 돈이나 시간 또는 친구에 대적하는 새로운 답변이 나올 것 같지 않았다. 단 두 개의 질문만으로 내 주변에 있는 MZ세대의 관심사를 파악한 것이다.

그럼 자기 자신에게 한번 물어보자. 현재 어떤 것에 마음이 끌리는가? 끌리는 것을 소유하거나 이루기 위해서 가장 필요한 것은 무엇인가? 두 번째 질문에 대한 답변은 대다수가 비슷할 것이다. 돈 버는 이야기, 시간 잘 쓰는 방법, 좋은 사람과 행복한 인간관계를 유지하는 노력 등은 MZ세대의 공통 관심사이다. 이것들은 MZ 외의 다른 세대들의 관심사이기도 하다.

M과 Z의 관심사를 따로 알고 싶다면, 연령대별 관심사를 분류한 뒤 많이 언급된 주제만 골라내면 된다. 직접 하기 귀찮다면, 관련 주제로 실시한 설문이나 여론조사를 참고해도 좋다. 순위의

차이는 있지만, 결과적으로 그 순위를 차지한 핵심 키워드는 비슷할 것이다. 남은 것은 MZ세대의 관심사를 어떤 방식으로 풀어내느냐다.

MZ는 이런 콘텐츠를 좋아해!

사람들이 많이 보고 좋아하는 콘텐츠에는 특징이 있다. 비슷한 내용인데 조회 수가 1만인 콘텐츠가 있고 10만인 콘텐츠가 있다. 그 이유가 무엇일까? 왜 그런가 분석해보면, 차이가 생길 수밖에 없는 이유가 하나 있다. 똑같은 이슈라도 먼저 콘텐츠로 만들어낸 채널은 10만, 나중에 만든 채널은 1만이다. 다행히도 이것이 100% 정답은 아니다. 제작 속도도 굉장히 중요하지만, 속도전은 뜨거운 주제를 다룰 때나 쓰는 전략이다. 지금부터는 속도에 큰 영향을 받지 않는 콘텐츠가 호응을 얻으려면 어떤 요소를 고려해야 하는지 이야기해보려고 한다.

모바일 콘텐츠의 운명은 대개 일주일이면 판가름 난다. 성공하든지, 망하든지, 그저 그렇게 끝나든지. 하지만 죽기 직전까지 갔다가 갑자기 역주행하며 살아나는 콘텐츠도 있다. 처음에는 지지부진하다가 한 달쯤 뒤부터 조회 수가 터지며 기사회생한 콘텐츠들은 일사에프의 주 구독층인 MZ세대의 선택을 받았다는 공통점이 있다. 시작은 미약했으나 끝은 창대해진 콘텐츠들만 골라내 특이점을 분석했더니 세 가지의 공통분모를 확인할 수 있었다.

첫 번째로 구독자들은 라이프스타일과 관련된 콘텐츠에 많은 관심이 있었다. 예를 들어 평일은 어떤 루틴으로 살고 있으며, 휴일에는 무엇을 하면서 지내고 있는지. 입는 거, 먹는 거, 노는 거 찾을 때는 어떤 애플리케이션을 이용하는가 등등. 충분히 생각해 봤다면 그다음에는 이런 라이프스타일이 나한테만 국한된 것인지, 다른 사람들도 비슷한지 따져보기를 바란다. 만약 나라는 개인과 다른 많은 사람들의 라이프스타일이 단 한 가지라도 겹친다면, 그게 바로 MZ세대로부터 주목받는 아이템이 될 수 있다. 우리는 실제로 테니스, 재테크, 음식 관련 콘텐츠에서 역주행을 경험했다.

두 번째로 전개가 빠르고 메시지가 명확한 이야기가 사랑받았다. 화려한 영상미보다 단순해도 속도감 있는 영상이 선택받았고, 단순하더라도 기승전결이 잘 갖춰진 이야기가 많은 댓글과 공감을 받았다. 반대로 영상은 화려하지만, 메시지가 불분명하고 뒷받침하는 근거가 약한 콘텐츠에는 평가가 박했다.

마지막으로, 뒷심을 발휘한 콘텐츠들은 모두 이해하기 쉽게 설명이 잘되어 있었다. MZ세대에게 유튜브는 과거 네이버의 지식인 같은 것이다. 글 위주의 설명이 기본인 과거와 달리 지금은 영상을 기반으로 한 설명이 기본이다. 얼마나 쉽게 설명할 수 있느냐가 콘텐츠의 중요한 경쟁 요소가 된 것이다.

숨 가쁘게 빨리 제작하지 않아도 MZ세대의 선택을 받은 콘텐츠에는 세 가지 공통점이 있었다. 그렇다고 이 세 가지가 없으면 절대 안 된다는 뜻은 결코 아니다. MZ세대가 주요 구독자이고 약 163만 명의 구독자를 보유한 일사에프 채널에서는 이런 결과가 나왔으니 참고하면 나쁘지 않을 거라고 이야기하고 싶었다.

PASS or FAIL
쉽게 시작하고
쉽게 포기하라

안 되는 콘텐츠를 붙들고 낑낑대느니, 차라리 그 시간에 다른
걸 기획하라고 한다. 한 달 뒤에 새로운 코너로 다시 시작하면
된다. 우리는 이게 가장 효율적이고, 가장 유튜브다운 대응이
라고 생각한다.

혹시 이 코너 보신 분 계세요?

2018년 7월부터 2022년 12월까지 4년이 넘는 기간 동안 일사에프가 유튜브 채널(일사에프, 소비더머니, 별다리 유니버스)에 선보인 코너의 개수는 40여 개다. 업로드한 영상 콘텐츠 개수는 약 4,000개에 달한다. 1년에 약 1,000개씩 제작한 셈이다. 하루로 계산하면 매일 두세 개의 영상을 제작한 것이다. 이렇게 많은 코너 중 몇 개나 살아남았을까? 쥐도 새도 모르게 사라져버린 코너는 몇 개일까? 어떤 이유로 폐지했고, 기간은 또 얼마나 걸렸을까?

4년 넘게 40개 정도의 코너를 제작했는데, 현재 우리 채널에서 유지하고 있는 코너는 10개 안팎이다. 그렇다고 다른 콘텐츠들이 모두 폐지된 것은 아니다. 프로젝트의 경우 기획 단계에서 제작 편 수가 정해지기 때문에 완료된 것이다. 이런 코너가 다섯 개 정도 된다. 또 아이템이 생길 때마다 진행하는 비정기적 코너와 시즌 또는 업그레이드를 위해 중단한 코너가 10개 정도다. 이 밖의 경우가 폐지된 코너다.

〈현변의 생존법률 가이드〉, 〈체험! 삶의 현자〉, 〈쫄보를 위한 후방주의 안내서〉, 〈GAP소리〉 등등…. 혹시 이 코너들을 보거나 들어본 적 있는가? 2019년에 제작한 〈현변의 생존법률 가이드〉라는 생활법률 콘텐츠는 6개월 만에 폐지됐다. 같은 해 제작한 〈체험! 삶의 현자〉는 1개월 만에, 〈GAP 소리〉는 3개월 만에 폐지를 결정했다. 2021년에는 한 개, 2022년에는 두 개의 코너를 추억으로 간직해야 했다. 이것 말고도 많지만, 다 지난 일이니까 더 언급하지 않겠다.

콘텐츠에 대한 구독자들의 반응이 상당 기간 좋지 않으면 고민할 수밖에 없다.

'여기서 끝내야 하나.'

콘텐츠를 만드는 사람이라면 누구나 한 번쯤은 이런 순간을 겪는다. 아니, 솔직하게 말하자면 폐지는 코너를 기획할 때마다 짊어져야 하는 부담이다. 부담이 쌓이면 결국 자신에게 독이 되는 것은 물론이고 다른 팀원들에게도 악영향을 미친다. 그래서 일사에프는 폐지를 빠르게 결정한다.

폐지가 결정되기 전까지는 고민도 많이 하고, 이런저런 다양한 시도도 한다. 하지만 안 되는 콘텐츠를 살려내기란 결코 쉬운 일이 아니다. 콘텐츠는 제작진들의 피와 땀과 노력의 결정체다. 안 되는 콘텐츠를 붙들고 낑낑대느니, 그 시간에 다른 것을 기획하는 것이 효율적이다. 지금 하는 코너의 조회 수가 잘 안 나온다면? 폐지하고, 한 달 뒤에 새로운 코너로 다시 시작하면 된다. 우리는 이것이 가장 유튜브에 적합한 대응이라고 생각한다.

유튜브는 TV 방송이 아니다. TV 프로그램처럼 편성을 신경 쓸 필요도 없고, 촬영 규모가 작아도 된다. 폐지만큼 시작도 빨리 하면 된다. 유튜브에서는 충분히 가능한 일이다. 채널이 잘되려면 제작진의 사기가 떨어지지 않아야 한다.

유튜브라는 전쟁터에서 몇 번 졌다고 장수가 참전을 주저하게 만들어서는 안 된다. 오히려 빨리 다시 도전할 수 있게 용기를 북돋아줘야 한다. 하나만 대박이 나면 적어도 유튜브에서는 그간의 실패는 전부 추억으로 승화시킬 수 있다. 이미 결정했다면 시작도 폐지도 빠를수록 좋다. 폐지 코너의 수가 늘어난다고 해서 결코 실패한 것은 아니다.

포기하지만 않으면 기회는 많다

일사에프는 콘텐츠의 장르가 다양하고 제작 포맷이 자유롭다는 특징을 갖고 있다. 누구나 기획안을 제안할 수 있고, 채택되면 파일럿 형태로 5~8편의 제작을 보장한다. 앞서 말했듯이 장르, 제작 형태는 제한하지 않는다. 파일럿 이후의 반응이 좋으면 코너로 계속 제작하고, 시원치 않으면 다음 도전자를 위해 실패를 인정하고 깔끔하게 마무리한다. 이것은 누구에게나 공평하게 기회를 주기 위한 우리끼리의 약속이자 일사에프 콘텐츠의 품질 향상을 위한 핵심 전략 중 하나다.

조회 수가 잘 나오지 않거나 폐지가 결정되더라도 아무 페널티도 부여되지 않는다. 팀장과 작가, PD, 출연자가 모두 힘을 합쳐 제작한 결과물인데 눈앞에 보이는 결과가 안 좋다고 담당 작가나 PD에게 책임을 묻는 것은 어불성설이다. 관계자 모두에게 책임을 물을 것이 아니라면, 빨리 몸과 마음을 추스르는 것이 훨씬 생산적이다.

뉴스 콘텐츠가 전부였던 시절의 이야기를 해보겠다. 디지털 콘텐츠 제작에 익숙하지도 않고, 썸네일 하나 만들기도 벅차고, 채널 운영도 미흡했던 그때 그 시절. 콘텐츠를 올릴 때마다 저조한 조회 수와 20개도 안 되는 댓글을 보면서 자괴감이 들었다. 이렇게 몇 개월이 지나면 제작자는 분석가로 변한다. 우리와 성격이 비슷한 채널 몇 개를 찾아낸 다음, 그 채널들은 조회 수가 왜 잘 나오는지 연구했다. 업로드는 언제 하는지, 주로 어떤 주제를 다루는지, 썸네일 컬러와 이미지는 왜 이렇게 만들었는지 등등. 모든 것을 우리 콘텐츠와 비교했다.

이렇게 연구해서 뭐라도 발견하면 그때부터는 지푸라기라도 잡는 심정으로 적용해봤다. 안 먹히면 버리고, 먹히면 수용하고. 이렇게 콘텐츠에 적용하기를 무한 반복한다. 그러다 제목은 물론 본문, 해시태그에 사용되는 단어까지 유튜브와 포털사이트 검색어에 걸리기 때문에 신중하게 골라야 한다는 사실을 알아냈다.

우리라고 조회 수 안 나오는 콘텐츠를 계속 붙들고 싶었을까? 〈데일리픽〉이 그랬고, 초창기 〈별다리 외사친〉이 그랬다. 일사에프에 현재 코너들이 자리 잡기 전 〈데일리픽〉은 일사에프의 전부였고, 〈별다리 외사친〉은 일사에프가 선보인 최초의 예능이었다. 이 두 개는 절대 포기할 수 없는 상징과 같은 존재였기에 조회 수가 안 나와도, 재미없다는 댓글이 달려도 버텼다. 포기하지 않고 조금씩 변화를 주면서, 이것도 저것도 바꿔보는 여러 시도 끝에 어느새 콘텐츠에 고유의 색깔이 입혀졌다. 그러자 사람들이 찾아와주었다.

조회 수를 높이기 위해 콘텐츠를 유튜브에 광고하는 것도 방법이지만, 그런 것으로는 콘텐츠의 가치가 제대로 평가받지 못한다. 광고를 안 해도 될 정도의 구성과 품질이 나와야 버티면서 오래갈 수 있다. 그러려면 실력을 키워야 하고, 시장을 분석할 줄 알아야 한다.

처음부터 잘하는 사람은 없다. 책을 많이 읽는다고 되는 일도 아니다. 디지털 콘텐츠 시장에서 조회 수가 터지는 콘텐츠를 만들어내 살아남고 싶다면 무조건 많이 만들어봐야 한다. 시간의 차이는 있겠지만, 다작을 통해 경험이 축적되면 언젠가 대박 콘텐츠가 나올 것이다.

우리의 성공 법칙은 실패?!

조회 수가 터지려면 무조건 많이 만들어보는 것이 중요하다는 이 문장을 보자마자 책을 덮어버리고 싶은 충동을 느낀 사람이 분명히 있을 것이다. '그걸 누가 모르나? 뭐 특별한 방법이라도 있는 줄 알았는데 이 책도 별거 없네'라고 하면서 말이다.

이렇게 생각하는 사람은 디지털 콘텐츠 업계에 종사하고 있지만, 대박 콘텐츠를 만들어낸 경험이 적거나 아예 없는 사람일 가능성이 높다. 만약 다작에도 불구하고 성과가 좋지 않았다면, 반성해야 한다.

나는 '실패는 성공의 어머니'라는 격언을 좋아하지 않는다. 성공하기 위해서는 실패 먼저 해야 한다는 전제가 깔려 있기 때문이다. 실패를 몇 번이나 해야 하는지, 기간은 얼마나 걸릴지 전혀 알 수 없다. 하지만 실패 이후에 한 번이라도 성공해본 사람이라면 알 것이다. 이 격언이 누구도 부정할 수 없는 진리라는 사실을 말이다.

디지털 콘텐츠의 성공 조건은 무엇일까? 국민 MC의 섭외일수도 있고, 탄탄한 기획과 구성이 가능한 유명 작가 또는 제작과 연출을 책임지는 유명 PD가 될 수도 있다. 아니면 이 모든 것을 가능하게 만들어줄 넉넉한 제작비가 성공 조건이라고 말할 수도 있겠다. 이런 조건들이 없다고 제작을 못하는 것은 아니지만, 있다면 콘텐츠의 성공 확률은 상당히 올라갈 것이다.

현실로 돌아와 지금 어떤 조건들이 주어져 있는지 살펴보자. 출연자가 국민 MC급인가? 유명 작가나 기획자가 있는가? 제작과 연출은 유명 PD가 맡고 있나? 아니면 편당 제작비가 1억 정도인가? 대부분의 디지털 콘텐츠 제작자들에게 이런 조건은 얼토당토않은 이야기일 것이다. 일단 제작비는 항상 부족하기 마련이다.

일사에프도 이런 현실 속에서 운영된다. 가끔 연예인들이 출연하지만, 고정 출연은 아니다. 작가와 PD의 수는 다른 채널에 비해 적지 않지만, 이름만 들어도 알 수 있을 만큼의 유명세는 아직 없다. 제작비가 조금 늘었지만, 코너 한 편에 몇천만 원씩 투입하려면 앞으로 몇 년이 필요할지 가늠조차 못하겠다. 한마디로 제작 여건은 예전이나 지금이나 항상 열악하다. 굳이 변한 것이 있다면 채널의 규모가 커졌고, 콘텐츠의 주제가 다양해졌다는 정도일 것이다.

그렇다면 일사에프 콘텐츠의 성공 비결은 무엇일까? 바로 실패를 통해 얻은 경험이다. 맨땅에 헤딩하며 몸으로 버텨낸 덕분에 성공이라는 값지고 달콤한 열매를 얻을 수 있었다. 전문가의 도움이 없었기에 시간은 꽤 걸렸지만, 다른 누구의 도움 없이 이뤄낸 결과라는 것이 더 가치 있고 의미 있다고 생각한다.

다양한 상황과 위기를 마주했지만 다행히도 극복해냈기에 그 과정과 결과는 온전히 우리만의 성장 비결이 됐다. 이것이 다작이 필요한 이유다. 대신 다작을 통해 잘한 점과 잘못한 점을 구별하고 분석해낼 줄 알아야 한다. 이렇게 쌓아 올린 공든 탑은 결코 쉽게 무너지지 않을, 중요한 자산이 된다.

우리는 새로운 콘텐츠를 제작할 때마다 같은 실수를 반복하지 않기 위해 실패로 얻은 정보들을 활용했다. 예를 들어 〈잡학피디아 F팀〉은 알아서 나쁠 것 없는 세상의 다양한 정보를 재미있게 알려주는 코너였다. 이 코너는 8편을 끝으로 제작을 중단했는데, 1편을 제외한 나머지 7편은 편당 3~5만 정도의 다소 낮은 조회 수를 기록했다. 우리는 구독자들이 궁금해하지 않는 주제 선정과 탄탄하지 못했던 스토리텔링을 실패 원인으로 분석했다. 이 분석 내용은 나중에 세계의 미스터리를 다룬 〈인디아나준스〉와 세계의 이슈를 다룬 〈월드클로즈업〉을 제작할 때 참고했는데, 두 코너의 콘텐츠는 최소 10만에서 많게는 200만 조회 수를 넘는 것도 있다.

경험으로 깨달은 실패의 이유가 이후의 콘텐츠를 성공으로 이끌어준 핵심 정보가 된 셈이다. 우리는 다작을 통해 실패한 원인을 찾아서 분석했고, 다음 콘텐츠에는 실패한 구성과 음악, 효과, 썸네일 등을 다시 사용하지 않았다. 콘텐츠가 성공하려면 실패할 만한 요소를 넣지 않는 것도 중요하다. 실패 요소가 적어지면 성공 확률이 높아지는 건 당연한 이치다.

경험을 통해 실패 요인을 찾아내고, 그걸 정보화해서 차곡차곡 쌓아놓자. 열정만 있다면 누구나 할 수 있다. 일사에프는 이 방법으로 채널의 기반을 튼튼히 만들었고, 지금의 성장을 이뤄낼 수 있었다.

DIRECTION

평범한 콘텐츠에
생명력을
불어넣는 법

성공한 아이템이 갖고 있는 특징은 수학으로 치면 공식 같은 것이다. 일사에프는 지난 4년간 성공한 수많은 콘텐츠들의 유사점을 발견하고, 성공 확률이 높은 아이템을 구별할 수 있게 됐다.

성공 확률이 높은 아이템

성공하는 콘텐츠의 중심에는 아이템이 있고, 반대로 실패하는 콘텐츠의 중심에도 아이템이 있다. 유튜브에서 볼 만한 콘텐츠인지 아닌지 결정할 때는 어떤 소재를 다루는지 먼저 살펴봐야 한다. 평소 관심 있는 주제라면 시간을 들여서라도 볼 것이고, 관심의 정도가 낮거나 아예 없다면 클릭조차 안 할 수도 있다.

그렇기 때문에 우리 채널의 구독자들이 관심을 가질 만한 아이템을 선정해야 한다. 만약 MZ세대가 주요 구독층인데, 어린이나 중장년층이 선호하는 아이템으로 콘텐츠를 만든다면? 내용이 아무리 좋고 재미있어도 구독자의 마음을 사로잡을 수 없다. 그러니까 성공의 확률을 논하기에 앞서 구독층의 성향을 파악하고 관심도가 높은 주제를 분류해야 한다.

성적이 좋았던 아이템들의 특징을 알고 있으면 구독자들의 눈과 귀를 사로잡을 콘텐츠를 제작하는 데 큰 도움이 된다. 성공한 아이템의 특징은 수학으로 치면 공식 같은 것이다. 어려운 수학 문제를 풀려면 요구되는 공식을 알고 있어야 한다. 공식을 모르면 오답을 써낼 확률이 높다.

일사에프는 지난 4년간 성공한 수많은 콘텐츠의 유사점을 발견하고, 성공 확률이 높은 아이템을 구별할 수 있게 됐다. 지금부터는 그런 아이템들의 특징을 이야기해보겠다. 영상이 3~4분 정도라면 재생 후 15~20초까지가 가장 중요하다. 초반에 구독자의 관심을 유발하는 아이템들은 대부분 승률이 높았다. 단거리 종목인 100미터 달리기와 마찬가지로 짧은 분량의 콘텐츠일수록 초반에 승부수를 띄워야 한다. 첫 장면이 강렬해야 이어질 이야기가 궁금할 것 아닌가.

사건 사고 뉴스에 나오는 CCTV 영상을 생각하면 쉽게 이해할 수 있을 것이다. 이야기의 핵심 포인트를 맨 앞부분에 보여주고, 그다음에는 왜 이런 일이 일어났는지 설명한 뒤 마지막에 결론을 내는 방식이다. 고전적이지만, 가장 효율이 좋고 성공 확률도 높다. 설마설마하던 일 혹은 예측하지 못하던 일이 현실에서 벌어졌다면? 구독자의 관심도가 높은 아이템이 될 수 있다. 러시아의 우크라이나 침공, 손흥민 선수의 잉글랜드 프리미어 리그 득점왕 등극 같은 일 말이다. 자주 발생하는 상황은 아니지만, 한 번 발생하면 그 파급력이 굉장하고 지속 시간도 길다.

강렬한 인상을 주는 사건이 매일매일 일어나는 것도 아니고 예측 불가능한 일의 발생 확률은 아주 낮지만, 그렇다고 손가락만 빨고 있어야 하는 것은 아니다. 구독자들이 관심 있을 법한데 아이템으로 조금 부족하다 싶은 소재가 있다면 히스토리를 찾아보자. 소재에 생명력을 불어넣을 수 있다면 별거 없어 보이는 아이템도 특별한 아이템으로 만들 수 있다. 사람이든 제품이든 현상이든 사람들의 관심사가 되는 것들은 탄생과 성장, 현재까지의 이야기가 존재한다. 그 뒷이야기를 풀어주는 것만으로도 그저 그런 소재가 매력적인 아이템으로 변신할 수 있다.

스토리텔링 기법이 사용된 아이템은 전반적으로 성공 확률이 매우 높았다. 이야기의 주제가 두세 가지 이상으로 뻗어나가고 연결된다면 구독자들은 그 이야기에 심취한다. 가난을 이겨내고 부자가 된 사람들, 대기업 CEO가 된 구멍가게 사장, 동아시아의 작은 나라에서 세계적인 스포츠 스타가 된 선수의 이야기 등은 구독자들의 관심을 끌기 충분하다.

영상이 좋다면 자막은 거들 뿐

축구나 야구, 골프 같은 스포츠 경기를 볼 때 자막이 들어간 영상과 안 들어간 영상 중 어떤 버전을 더 선호하는가? 규칙을 어느 정도 알고 있다면 자막이 안 들어간 영상을 선호하는 사람이 더 많을 것이다. 자막이 경기를 보는 데 오히려 방해 요소가 될 수 있기 때문이다.

자막은 영상에 포함된 음성이나 소리가 제대로 전달되지 않을까 봐 글자로 표시한 일종의 배려다. 의미를 더 명확히 전달하기 위해서 말이다. 좋은 영상에는 자막이 꼭 필요하지 않다. 여기에서 말하는 좋은 영상이란 자막 없이도 상황 이해에 전혀 어려움이 없을 정도로 기승전결이 잘 담긴 영상이라고 보면 된다. 2022년 6월, 누리호 발사 과정을 담은 영상이 대표적인 예다. 자막 한 줄 없어도 무슨 상황인지 충분히 알 수 있다. 문자 그대로 말이 필요 없는 영상이다. 시작과 끝을 포함해 일련의 사건에 대한 전 과정이 담겨 있는 영상이라면 감상에 불필요한 자막을 최소화해야 몰입도를 높일 수 있고, 보는 사람이 다양한 감정을 느낄 수 있다.

요즘은 없는 영상을 찾기가 어려울 정도로 자막이 보편화돼 있다. 일사에프도 모든 콘텐츠에 웬만하면 자막을 넣는다. 사람들이 스마트폰의 작은 화면으로 유튜브를 많이 시청하다 보니, 아무래도 자막이 있는 것이 내용 파악에 훨씬 편할 것이라는 판단에 구독자 편의 차원에서 넣고 있다. 또한 지식 정보 콘텐츠를 많이 다루다 보니까 영상이나 이미지로만 이야기를 끌어나가는 데 한계가 있었다. 이런 부분을 보완하기 위해 시작한 설명 자막은 어느새 일사에프 콘텐츠 제작의 필수 요소가 됐다.

그렇지만 자막 중심의 콘텐츠 제작 방식을 추천하지는 않는다. 일사에프 같은 경우에는 방송국 채널이기 때문에 사용할 자료 영상이 무궁무진하다. 반면 개인이 운영하는 채널은 저작권 때문에 타인의 영상 사용 등에 제약이 있다. 그래서 영상 대신 밈이나 움짤(웹 공간에서 움직이는 이미지), 법적으로 문제없는 무료 배포 사진 또는 영상 위에 자막을 얹는 형태로 제작되는 콘텐츠가 많다. 이런 방식은 기획과 제작 방식이 단조로운 탓에 트렌드에 민감한 구독층 확보에 어려움을 겪기 십상이다.

일사에프도 초기부터 운영해온 〈이슈픽〉을 통해 수많은 자막 뉴스를 만들었다. 그중에는 영상이 중심이 되는 것도, 내용이 중심이 되는 것도 있었다. 그 결과 영상 위주의 자막뉴스가 압도적으로 효과가 좋다는 사실을 알게 되었다. 하지만 다양한 소식을 제공하기 위해 내용 위주의 자막뉴스 역시 꾸준히 제작하고 있다. 다만 이것은 다양한 형태로 정보를 제공하는 일사에프에 국한된 이야기다. 개인 채널을 운영 중이거나 준비하고 있다면, 좋은 영상을 지속적으로 확보할 수 있는지부터 꼼꼼히 따져보기 바란다. 영상 확보가 불가능하다면 직접 촬영 또는 출연해야 할 수도 있다.

유튜브는 동영상 콘텐츠다. 사람들이 동영상 콘텐츠를 찾는 이유는 자막이 아니라 영상을 보기 위해서이다.《슬램덩크》라는 만화를 보면, 슛을 쏠 때 "왼손은 거들 뿐"이라는 유명한 대사가 있다. 영상이 좋다면 자막은 그저 거들 뿐이다.

지루할 틈을 주지 마라

쓸 만한 영상은 별로 없지만 스토리텔링에 좋은 아이템과 영상은 좋지만 내용은 그럭저럭인 아이템이 하나씩 있다고 가정해보자. 강점과 약점이 분명한 이 두 개의 아이템을 돋보이게 하려면 어떻게 해야 할까? 실제 제작 현장에서 끊임없이 마주하는 고민이다. 제작진의 역량과 제작 방식에 따라 예상치 못한 결과가 나올 수 있기 때문에 어떻게 제작할지에 대한 선택과 집중이 요구된다. 이런 상황 때문에 막막한 경우가 한두 번이 아니었다. 고민하는 시간이 너무 길어 소모적이라고 느껴질 때도 많았다. 상황별 대처법을 간단하게 소개한다.

스토리텔링에 적합한 아이템부터 살펴보자. 성장 과정에서 경쟁과 실패, 성공 등 사람들의 궁금증을 자아내는 이야기라면 사건 중심으로 간결하고 속도감 있게 전개해보자. 장황해서는 안 된다. 안 그래도 관련 영상이 마땅치 않아서 볼거리가 부족한데, 이야기마저 늘어진다고 생각해보라. 전개가 늘어진다면 구독자 입장에서는 지루함을 견디지 못하고 중도 이탈 가능성이 높아진다.

관련 영상이 많지 않은 콘텐츠를 만들 때는 주제와 관련 있는 사진이나 영상 자료를 최대한 많이 확보해야 한다. 사진이나 이미지는 한 컷에 최대 5초를 넘기지 말고 사용하자. 그 이상 사용하면 긴박감이 줄어든다. 자료는 의미 있거나 재미있는 영상 위주로 쓰자. 관련도 의미도 재미도 없는 영상은 그냥 시간 때우기용이다. 무의미한 노력은 안 하느니만 못하다. 시간이 걸리더라도 이미지를 동적인 것으로 바꾸고, 영상이 최대한 역동적일 수 있도록 다양한 효과로 편집해서 구독자들이 지루할 틈을 주지 말아야 한다.

감이 잘 오지 않는다면 유튜브에서 〈소비더머니〉와 〈돈슐랭〉을 검색해보라. 브랜드나 제품 등을 다루는 두 코너는 이야깃거리가 충분하지만, 관련 영상이 적다. 그나마 있는 영상들도 인물 위주이거나 길이가 짧아서 제작에 큰 도움이 안 된다. 이런 애로사항에도 불구하고 두 코너에 대한 반응은 폭발적이다.

다음으로 시간적으로나 내용적으로나 히스토리를 논하기는 미약하지만, 사건에 대한 일련의 과정과 결과가 있을 뿐만 아니라 이것을 보여줄 수 있는 영상이 있는 경우를 살펴보자. 영상의 길이가 사건을 충분히 설명할 정도로 충분히 확보돼 있다면, 구독자들이 지루함을 느끼지 않고 사건에 더 집중할 수 있도록 영상 외적인 부분에 신경을 써야 한다.

먼저 영상 속 상황이 어떤 분위기인지 파악한 뒤, 그 분위기를 극대화시킬 수 있는 배경음악을 넣어보자. 집중해야 할 장면이 있다면 동그라미 표시나 확대, 재생 속도 등을 조절해서 그 장면을 강조하는 것도 좋은 방법이다. 이런 효과들은 원본 영상의 가치를 유지하면서 구독자들이 몰입할 수 있게 해준다. 자막은 몰입에 방해되지 않도록 짧고 간결하게 처리하는 것이 좋다. 원본 영상을 충분히 활용한 뒤에는 관련 사진이나 이미지, 자료 영상으로 이야기의 중반부를 커버해 지루함을 달래주자. 후반부에는 원본에서 가장 임팩트 있는 장면을 다시 한번 보여주면서 콘텐츠를 마무리한다.

상황별 대응법은 제작자가 처한 상황에 따라 적용이 어려울 수도 있고, 쉬울 수도 있다. 어쨌든 이 대응법을 통해 말하고자 하는 핵심은 아주 단순하다. 콘텐츠가 지루하면 구독자는 떠나버린다. 처음부터 떠날 생각을 못하게 지루할 틈을 주지 마라.

MEME

밈으로 놀고
밈으로 소통한다

콘텐츠를 소비하는 플랫폼이 유튜브와 SNS로 바뀌면서 소비
자가 2차 창작물을 직접 제작하고 유행을 선도하고 있다. 밈을
통해 제작자와 소비자가 콘텐츠를 함께 즐기는 시대로 변하고
있는 셈이다.

잘나가는 밈의 세상

하루는 엘리베이터 앞에서 만난 팀원에게 "점심 먹으러 어디가?"라고 물었는데, "구식이요"라는 답을 들었다. 구식? 무슨 말이지? 새로 생긴 식당인가? 알고 보니 구내식당의 줄임말이었다. 별걸 다 줄인다는 줄임말 '별다줄'. 지나치게 말을 줄이는 현상을 풍자한 신조어다. 이 같은 줄임말에는 이제는 설명이 필요 없을 '갑분싸', '갑툭튀'부터 유튜브에서 자신의 채널을 홍보하기 위해 자주 사용하는 '좋댓구알' 등이 있다. '좋아요, 댓글, 구독, 알람 설정'까지의 줄임말이다.

이런 현상은 말과 글뿐만 아니라 영상에도 적용된다. 시퀀스를 늘여서 굳이 구구절절 상황과 감정을 설명하지 않는다. 그냥 밈을 사용한다. 밈이란 무엇일까? 밈은 1976년 출간된《이기적 유전자》에서 리처드 도킨슨이 문화의 진화를 설명할 때 처음 등장한 용어다. 유전자가 자가복제로 생물학적 정보를 전달하듯이, 밈은 모방을 거쳐 뇌에서 뇌로 개인의 생각과 신념을 전달한다. 흔히 '인터넷에서 시작된 유행으로 커뮤니티 또는 SNS까지 퍼져나간 여러 2차 창작물이나 패러디물'로 설명한다. 상황 설명부터 감정 표현까지 밈은 기능이 다양하다.

밈은 인터넷상에서 생겨난 일종의 놀이 문화다. 특정한 상황을 설명하는 사진, 영상 등의 2차 창작물로 콘텐츠를 함께 즐기고 연대감을 조성한다. 특유의 재미와 중독성 때문에 특히 커뮤니티에서 강력한 힘을 발휘한다.

영상 사이사이 밈을 사용하면 어떤 상황과 감정을 뜻하는지 궁금증을 자아낼 수도, 직관적으로 이해시킬 수 있다. 세계에서 가장 인기 있는 밈은 '페페 더 프로그(이하 페페)'다. 페페는 커뮤니티와 유튜브의 단골손님이다. 이 개구리 얼굴로 거의 모든 희로애락을 표현할 수 있다.

페페는 원래 매트 퓨리Matt Furie의 만화《보이즈 클럽Boy's Club》에 등장하는 인간의 몸을 가진 개구리 캐릭터다. 페페의 유명세는 바지를 발목까지 내린 채 소변보는 장면에서 시작됐다. 왜 소변을 보는 데 바지를 다 내리냐는 질문에 페페는 행복한 표정으로 "기분이 좋으니까"라고 답한다. 여기 나온 페페의 표정이 캡처돼 커뮤니티에서 주로 사용되면서 유명세를 탔다.

이후 페페의 웃는 표정은 패러디를 통해 다양한 형태의 밈으로 퍼져나갔다. 슬픈 페페, 불쌍한 페페, 잘난 척하는 페페, 화난 페페. 페페는 희로애락을 표현하는 밈으로 전 세계 커뮤니티와 유튜브에서 큰 인기를 얻고, 세상에서 가장 유명한 개구리가 되었다.

가수 비의 〈깡〉 뮤직비디오는 2020년 7월 당시 700만 뷰를 기록했다. 〈깡〉 뮤직비디오의 인기에 힘입어 '1일 1깡'이라는 유행어와 밈이 탄생했다. '1일 1깡'은 하루에 한 번 〈깡〉 뮤직비디오를 시청해야 한다는 뜻을 담고 있다.

2017년도에 발표된 〈깡〉은 사실 가수 비의 흑역사였다. 가사에 비해 너무 과장된 춤동작 때문에 네티즌들의 놀림거리였던 것이다. 그런데 2020년에 한 여고생이 '1일 1깡 여고생 깡 COVER'라는 제목의 패러디 영상을 올리면서 〈깡〉 뮤직비디오는 화제의 밈으로 재해석됐다.

이후 MBC 예능 〈놀면 뭐하니〉에서 1일 1깡을 다루면서 비는 제2의 전성기를 맞았다. 〈깡〉 뮤직비디오가 올라간 유튜브 페이지는 성지순례의 좌표가 찍히면서 1일 1깡을 즐기기 위한 네티즌들의 놀이터가 됐다.

인터넷이 발달하기 전, 시청자들은 미디어가 제작한 콘텐츠를 수동적으로 즐겼다. 하지만 유튜브와 SNS가 등장하면서 소비자가 2차 창작물을 직접 제작하고 유행을 선도하고 있다. 밈을 통해 콘텐츠를 함께 즐기면서 소비하는 시대로 변하고 있는 셈이다.

콘텐츠에 활력을 불어넣는 밈

일사에프 영상 콘텐츠의 차별성도 밈에서 나온다. MBC 아카이브에 저장된 '드라마·예능' 콘텐츠를 발굴해 만든 밈을 영상 제작에 적극적으로 활용한다. 없는 것이 없는 〈무한도전〉의 장면들이 일사에프에서 사용하는 대표적인 밈이다. 〈무한도전〉 '밈'의 인기는 가히 폭발적이다.

밈을 활용한 스토리텔링은 일사에프가 만들어진 2018년부터 유행처럼 퍼져갔다. 이를테면 카카오톡 오픈 채팅방에는 밈만으로도 대화가 가능한 '고독한 박명수방'이 있다. '고독한 박명수방'

이 화제가 되면서 일사에프에서도 이 오픈 채팅방을 소개한 적이 있다. 아침 인사를 나눌 때 박명수 밈을 사용하는 채팅방이다.

"아직까지 자고 있니?" 혹은 "굿모닝 에브리원", "잠을 자도 피로가 안 풀리냐" 등에 박명수 밈을 사용한다. 출근할 때는 "출근 중인 지금도 집에 가고 싶다", "조금만 더 돈 벌고 뜬다 이 바닥" 또는 "아유… 하기 싫어" 등의 상황과 감정을 표현하고 싶을 때 글 대신 〈무한도전〉 박명수 밈을 통해 오픈 채팅방에서 대화를 즐긴다.

밈을 활용한 스토리텔링은 구독자의 리액션을 유도하고 영상 콘텐츠를 쉽고 편안하게 즐길 수 있는 톤 앤 매너를 제공한다. 이미 팬덤을 얻은 밈을 주로 사용하지만, 필요하다면 상황에 맞게 제작할 수도 있다. 온라인상에서 재해석된 2차 창작물은 주로 소비자가 생산하지만 제작진이 만들어낼 수도 있다.

2021년 12월 제작한 '50년 전 홍합 한 그릇'이라는 제목의 콘텐츠가 대표적인 예시다. 콘텐츠 내용은 이러하다. 한 노인이 "미국에 사는 친구의 부탁"이라며 서울 서대문경찰서 신촌지구대에 편지 한 통을 전달했다. 편지를 쓴 주인공은 은퇴를 앞둔 미국 뉴욕에 사는 70대 남성이었다.

1970년대 중반 강원도 농촌에서 상경해 신촌에 살던 고학생이었던 노인은 아르바이트를 마치고 귀가하던 겨울밤, 신촌시장 뒷골목에서 홍합 파는 아주머니들을 보게 된다. 배가 너무 고팠던 그는 아주머니들에게 홍합 한 그릇 먹을 수 있는지 물으며 "돈은 내일 갖다 드리겠다"고 말했다. 아주머니는 선뜻 홍합 한 그릇을 건네줬는데, 주인공은 수중에 돈이 없어 외상값을 갚지 못했다고 한다.

입대 후 미국으로 이민을 떠난 주인공은 지난 50년간 아주머니에게 거짓말했다는 죄책감과 마음의 빚을 가지고 있었다. 너무 늦었지만 어떻게든 아주머니의 선행에 보답해야겠다는 생각에 편지를 보냈는데, "적은 액수라 부끄럽지만, 지역 내에서 가장 어려운 분께 따뜻한 식사 한 끼라도 제공해주시면 감사하겠다"라며 봉투에 2,000달러 수표를 동봉했다. 12월 28일 신촌지구대는 그의 뜻에 따라 신촌동 지역사회보장협의체에 2,000달러를 전달했다.

화제가 된 사연을 콘텐츠로 만들려고 보니 기사에 맞는 그림을 찾을 수가 없었다. 50년 전 사연의 주인공의 스토리를 영상으로 풀어내자니 그림이 턱없이 부족했다. 보통 현장 그림이 부족한 콘텐츠는 자료 그림과 내레이션 방식으로 제작하지만, 자료 그림은 현장감을 떨어뜨리고 콘텐츠의 재미를 반감시킨다. 이에 스토리텔링에 맞는 밈을 만들어내기로 정했다. 표정이 풍부한 정준하 씨의 영상으로 밈을 제작한 것이다. 정준하 밈으로 사연을 풀어내고 주인공의 당시 감정선을 표현했다.

밈은 콘텐츠를 맛깔나게 즐기기 위한 양념일 뿐만 아니라 오롯이 독립된 상품으로 판매되기도 한다. 즐거움을 표현하는 '무야호' 밈과 놀라움을 표현한 신봉선의 '상상도 못한 정체' 밈은 NFT 상품으로 판매되기도 했다. NFT에 관한 이야기는 PART 3에서 다시 하겠다.

RULE

여론을 자극하는
단어 하나가
채널을 망가뜨린다

콘텐츠의 흥망성쇠는 구독자의 여론에 달려 있다. 여론은 제작
자가 전하고자 하는 주제나 메시지가 콘텐츠에 온전히 담겨야
형성될 수 있다.

자극적인 것은 오래 못 간다

유튜브 콘텐츠를 제작하다 보면, 갑자기 조회 수가 안 나올 때가 있다. 콘텐츠의 주제가 달라진 것도 아니고 채널에 특별히 변화를 준 것도 없는데 말이다. 하루이틀이면 웃으면서 넘긴다. 1~2주까지도 '좀 길어지네' 하면서 버틸 수 있다. 그런데 한 달이 넘어가면 그때부터는 웃음기가 싹 사라지면서 비상사태가 된다. 일사에프를 운영하면서 1년에 최소 한 번은 이런 경우를 겪는데, 왜 이런 상황이 발생하는지 정확한 이유는 모르겠다.

이런 일이 벌어질 때마다 제작진은 "유튜브 알고리즘이 바뀌어서 콘텐츠 노출이 잘 안 될 수 있다"라며 서로 격려하고 시간이 지나면 괜찮아질 것이라 믿는다. 상황이 나아지지 않으면 '혹시 재미가 없어져서 구독자들이 안 보는 건가?' 하는 의심이 들기 시작한다. 어떻게든 이 암흑기를 탈출해야 한다는 생각만 머릿속에 가득해진다. 이 상황이 상당 기간 지속되면 자극적인 콘텐츠라도 만들어야 하나 싶어지지만, 순간의 유혹을 못 참고 자극적인 콘텐츠를 만들었다가는 언젠가는 그게 부메랑이 돼 하루아침에 채널을 망하게 만들 수 있다.

유튜브에는 자극적인 콘텐츠가 수두룩하다. 유명인의 사생활, 정치, 젠더, 지역, 세대 차이 등 이분법적 사고로 편 가르기 식 논쟁을 일으키는 콘텐츠는 구독자들을 자극하기 충분하다. 자극적인 콘텐츠가 무조건 나쁘다고 할 수는 없다. 무료한 일상에 활력을 줄 수도 있다고 생각한다. 다만 오직 조회 수를 높이기 위해서, 돈을 벌기 위한 목적만으로 폭력적이거나 선정적 또는 혐오스러운 장면과 표현 등을 사용해 영상을 만드는 것은 제작자로서 심각하게 고민할 문제다.

단순하게 생각하면 폭력적인 장면과 자막 등은 모자이크 처리하고, 음성은 무음 처리하면 크게 문제 될 것이 없다. 문제는 자극적인 콘텐츠들이 하나같이 오래가지 못하고, 비난받고, 소리소문 없이 사라진다는 것이다. 왜 그럴까? 해당 콘텐츠의 댓글을 보면 그 이유를 명확히 알 수 있다.

콘텐츠의 흥망성쇠는 구독자 여론에 달려 있다. 여론은 제작자가 전하고자 하는 주제나 메시지가 콘텐츠에 온전히 담겨야 형성될 수 있다. 주제와 메시지를 포함해 그 안에 담긴 정보와 지식을 많은 사람들이 지지해야 그 콘텐츠가 구독자로부터 인정받을 수 있다. 한발 더 나아가 이 여론이 다양한 분야로 확대될 때야 비로소 사회에 영향력을 미칠 수 있는 성공한 콘텐츠와 채널로 우뚝 설 수 있는 것이다.

조회 수와 금전적 이익만 추구하는 콘텐츠의 댓글 창에서는 입에 담기에도 민망한 표현을 써가며 언쟁하는 모습을 어렵지 않게 볼 수 있다. 건전한 의견 교환과 토론은 없고, 편 가르기를 조장하며 어느 한쪽을 몰아세우기에 급급하다. 초반에는 여러 사람이 참여하지만 시간이 지날수록 소수만 남고, 결국 여론 수렴은 물 건너간다.

상처와 얼룩만을 남기는 이런 콘텐츠는 초기에 아무리 활활 타오르더라도 반복되는 패턴으로 인해 시간이 지날수록 지루해지기 마련이고, 바라보는 여론까지 악화되니 자멸할 수밖에 없다. 여론을 정확히 예측할 수 없다면 자극적인 콘텐츠로 구독자를 자극하지 마라. 여론을 자극하는 단어 하나가 채널을 망가뜨릴 수 있다는 사실을 꼭 명심하기 바란다.

팩트 체크,
끝날 때까지 끝난 게 아니다

일사에프가 레드오션인 디지털 콘텐츠 시장에서 지금까지 살아남을 수 있었던 것은 기본 중의 기본인 팩트 체크에 소홀하지 않았고, 콘텐츠 공개 이후로도 끝까지 팩트를 추적했기 때문이다. 이에 너무나 기본적인 이야기지만 팩트 체크의 중요성에 대해서도 다시 이야기해보려고 한다.

우리도 팩트 체크 때문에 수십 차례 곤욕을 치렀다. 팩트 체크를 할 때 가장 어려울 때가 언제인지 아는가? 이미 결론이 난 사안의 재구성과 사실관계 확인은 그리 어려운 일이 아니다. 관련 기사와 전문 자료 등을 확인하면 몇 시간 만에 사실 여부를 파악할 수 있다. 그런데 끝나지 않고 진행 중인 사안을 다룬다면 이야기가 달라진다. 지금도 그때를 생각하면 아찔하다.

앞에서도 말했듯 일사에프는 초기에 뉴스 콘텐츠 위주로 제작했다. 뉴스는 신속하고 정확해야 한다. 유튜브는 TV와 달리 언제든 업로드가 가능해서 속보성 뉴스를 전달하기가 좋다. 우리는 이 점을 이용해 최신 뉴스를 이해하기 쉽게 풀어내는 작업에 주력했다. 속보는 시간 싸움이다. 특히 진행 중인 사안을 제작할 때는 화장실도 안 가고 1분 1초까지 아껴가며 편집에 매진한다. 당시 일사에프는 신속했지만 100% 정확하지는 못했다. 최선을 다했지만, 생물처럼 시시각각 움직이며 진행 중인 사안을 실시간으로 추적하기란 쉽지 않았다.

예를 들어 오후 6시쯤 발표될 것으로 예상되던 중요 사안이 내부 사정으로 미뤄졌다. 이 발표를 오늘 할지, 내일 할지 공개하지는 않은 상황. 우리의 선택은 자정까지 아무 소식이 없으면 지금까지의 상황을 정리해서 제작하는 것이었다. 소식은 없었고, 우리는 계획대로 했다. 그런데 다음 날 새벽 2시쯤, 공식 발표가 아닌 한 매체의 뉴스 기사를 통해 단독보도의 형태로 내용이 공개됐다. 그런데 전날에 알려진 내용에서 숫자가 크게 바뀌었다. 우리 제작진은 이미 꿈나라에 가 있는데…. 구독자들은 몇 시간 뒤면 자리에서 일어나 출근 준비를 하면서 최신 소식을 접할 텐데, 우리는 바뀐 숫자와 내용을 업데이트하지 못한 상황과 마주했다.

이럴 때 대처 방법은 두 가지다. 전날 밤 12시에 올린 콘텐츠를 비공개로 돌리든지, 아니면 숫자를 바꾸고 달라진 내용을 추가해서 다시 올리든지. 마음 같아서는 첫 번째 방법을 선택하고 싶지만, 이미 손댄 이슈는 책임감을 갖고 끝까지 마무리하는 것이 맞다는 판단에 재빨리 내용을 수정한 뒤 다시 콘텐츠를 올렸다. 초기에는 이렇게 사실 관계가 달라지거나 잘못된 내용을 반영한 경우가 적지 않았다. 그래서 사람들이 많이 안 보는 새벽 시간에 그 부분만 수정해서 다시 공개하는 작업이 빈번했다.

실수는 누구나 할 수 있다. 문제는 그 사실을 알아챘음에도 남들이 지적하지 않는다고 아무런 조치도 하지 않는 것이다. 이것은 지켜야 할 원칙인 동시에 신뢰성과 직결되는 문제다. 원칙을 지켜야만 구독자에게 당당할 수 있고, 만약 제작진이 실수해도 구독자에게 이해를 구할 수 있는 것이다.

COMMUNICATION

부정적 여론에는
빠른 사과 혹은 '존버'

비판과 비난의 댓글이 이어질 때일수록 현명한 선택이 필요다.
빠른 사과, 그렇지 않다면 버텨야 한다.

갑자기 몰려든 악플들, 어떻게 대응할까

일사에프를 운영하면서 오랫동안 수면 부족에 시달렸다. 새벽 2시쯤 갑자기 잠에서 깨서 유튜브 댓글을 확인한다. 전날 올린 콘텐츠에 대한 반응을 살피고, 혹시 틀린 내용은 없는지 댓글로 확인한다.

구독자들은 콘텐츠를 수동적으로 소비하지 않는다. 논조부터 적절한 영상을 사용했는지, 음향의 높낮이와 편집의 템포까지 콘텐츠에 사용된 재료 하나하나에 대한 피드백을 댓글로 남긴다. 무조건적인 비방과 욕설도 있지만 꽤 날카롭게 분석한 댓글도 심심치 않게 찾아볼 수 있다. 우리가 제작한 콘텐츠에 화가 난 구독자들도 있고 "영상 잘 봤습니다"라는 응원의 메시지를 남기는 이들도 있다.

댓글을 보면 우리가 놓친 부분이 무엇인지 알게 된다. 내용이 틀리지 않았어도 텍스트와 영상이 연결되면서 만들어진 무언의 뉘앙스에 불편함을 느끼는 구독자들의 댓글에 주목한다. 그들이 느끼는 불편함이 불필요한 오해를 낳았다고 판단되면 고정 댓글을 통해 해명하는 경우도 있다.

2019년 5월 유수진 씨가 진행하는 〈아이돈케어〉에서 '돈이 돈을 벌어오는 로드맵 그리기'라는 콘텐츠를 제작했다. "로드맵을 통해 한 달 동안 내가 재테크 계획을 잘 지켰는지 결산해보고 목표한 이정표대로 가고 있는지 점검해보자", "요요가 와서 계획보다 지출이 컸다면 스스로 반성하고 다시 정신 차리자", "로드맵을 확인하면서 자신이 계획한 재테크 목표를 지킬 수 있도록 노력하자"는 내용이었다. 매년 수익률 목표는 8%, 만약 경제 위기가 찾아오면 모아둔 목돈을 통해 수익률 목표를 50%로 높이는 내용도 포함되어 있다. 유수진 씨는 계획대로 재테크를 한다면 15년 후 16억을 벌 수도 있다고 말한다. '건물주 되는 로드맵 그리기' 영상의 초반 반응은 나쁘지 않았다.

"한 달에 145만 원씩 저축하고 있어요. 지금 1,300만 원 정도 모았구요. 로드맵 그려보니까 서른이 되기도 전에 1억을 가질 수 있겠네요! 서른 되기 전에 1억 모으기가 목표였는데 정말 열심히 투자를 공부해야겠다는 생각이 들어요! 당장 내일 도서관 가서 이것저것 빌려보고 추천해주신 다큐 이어서 보려고요. 파이팅!"

"끝까지 못할 나를 알기에 지금이라도 힘들게 살면서 구질구질하게 살지 않고 그냥 편하게 살아야지. 쓸 거 쓰고…."

"경제 위기 전에 준비해둔 사람이라면 가능하죠. 저희 어머님도 경제 위기 때 산 집이 지금 5~6배는 올랐습니다. 이 집을 살 돈조차 준비하지 않았었다면 불가능했겠죠."

"근데 경제 위기라 하면 기업뿐만 아니라 도소매 모든 업종의 위기일 텐데, 그때 물가 상승이라든지 한화의 가치가 그만큼 떨어지지 않을까요? 지금 달러가 상승 중인 것처럼."

"누나 정말 감사히 잘 보고 있는데 질문이 있어요. 꼭 답변 주시면 좋겠는데 어렵겠죠. 말씀대로 초기에는 8%로 가능한데 나중엔 안 되고, 거기서 꼭 성공한다는 보장이 없는데 그걸 계속 8%로 돌리는 것은 행복회로 아니에요?"

영상에 대한 평가는 엇갈렸지만 일방적인 욕설과 비난이 난무하지는 않았다. 그러다 같은 해 7월 다른 유튜브 채널에서 '100만 원으로 16억 벌기'라는 리뷰 영상을 올리면서 '건물주 되는 로드맵 그리기'에 비난의 화살이 쏟아졌다. 리뷰 의견에 동의한 시청자들이 좌표를 찍고 〈아이돈케어〉에 몰려들었다. 수익 목표가 현실성이 없고 매년 8%, 경제 위기 상황에서 50%의 수익을 내는 방식 역시 기적의 논리라며 비판보다는 비난에 가까운 반응이 이어졌다.

목표 수익률이 황당하게 느껴질 수도 있지만, 재테크에 대한 로드맵을 그려서 계획적으로 돈을 관리해보자는 취지에서 만든 영상이었다. 로드맵은 말 그대로 이행 목표를 세운 뒤 목표 달성을 위해 작성된 가이드라인이다. 잘 짜여진 가이드라인은 큰 그림에 맞춰 정확한 수행 목표를 제시한다.

'건물주가 되는 로드맵 그리기'가 과장된 목표로 구독자들을 현혹하기 위해 기획된 콘텐츠는 당연히 아니다. 계획적인 돈 관리를 시도조차 못 하는 사회 초년생들에게 목표를 제시하고, 목표 달성을 위한 자발적인 행동을 유도하기 위해 제작한 콘텐츠였다.

어쨌든 댓글 창에 악플이 끊임없이 올라왔다. 영상을 비공개로 돌리거나 해명 댓글을 달까도 고민했다. 우선 콘텐츠를 처음부터 몇 차례 다시 돌려봤다. 요즘 같은 경제 위기 상황뿐만 아니라 평상시에도 8%, 50% 투자 수익을 내는 이들은 분명히 존재한다. 무엇보다 기획 의도가 로드맵을 통해 재테크 목표를 지킬 수 있도록 노력하자는 것이어서 〈아이돈케어〉의 구독자들에게 도움이 된다고 판단했다. 우선 버티면서 댓글에 대응하지 않기로 했다. 타 채널에서 유입된 막말 댓글들은 몇 달간 이어졌다. 악플을 읽으면서 도망치고 싶을 만큼 힘들었지만 배운 점도 있었다.

사실 관계를 더 철저히 체크하고, 콘텐츠와 이용자 사이에 불필요한 오해가 생기지 않도록 텍스트와 영상에 대한 세심한 데스킹desking, 언론사에서 부장 등이 취재기자들의 활동을 지원하고 관리하는 일이 필요하다. 무엇보다 불필요한 '어그로'를 자제해야 한다. 어그로는 원래 온라인 MMORPG 게임에서 쓰는 용어지만 디지털 콘텐츠에서는 관심을 끌기 위해 자극적인 내용을 표현하는 행위를 의미한다. 조회 수를 올리기 위해 모바일 콘텐츠 제작자들은 어그로를 흔히 사용한다. 충분히 이해하지만 자칫 뉘앙스가 엇나가면 후폭풍을 감당하지 못할 수도 있다. 사실 관계가 틀리지 않았고 영상을 내릴 이유가 없다고 판단했다면 악플에 일희일비할 필요가 없다.

"이 내용이 이렇게 정색하고 욕할 일인가?"

아무리 고민해도 소용없다. 악플 다는 사람들에게는 이유가 없다. 악플을 달기 위해 악플을 단다. 콘텐츠 제작자나 채널 관리자는 악플에 쉽게 무너질 수 있다. 비판과 비난의 댓글이 이어질 때일수록 현명한 선택이 필요다. 빠른 사과, 그렇지 않다면 버텨야 한다.

댓글을 이용한 콘텐츠

댓글이 작동하는 흐름이 있다. 유튜브 구독자들은 댓글을 통해 자신이 시청한 영상에 대한 평가를 남긴다. 구독자와 제작진은 댓글을 읽고 쓰면서 소통한다. 구독자들끼리도 댓글로 자신이 시청한 콘텐츠에 대한 2차 정보를 공유한다. 유튜브 이용자들은 주로 영상을 보면서 정보를 습득하고 오락을 즐긴다. 영상 소비 후에는 만족과 불만족을 댓글에 남기지만, 영상 시청 전에 댓글을 먼저 읽는 이들도 있다. 영상보다 댓글이 더 기발하고 재미있다는 경험이 축적되면서 댓글을 통해 정보를 미리 습득하고 영상을 시청하는 경우가 늘고 있다. 댓글은 점점 영상의 부가적 요소가 아니라 콘텐츠의 일부로 자리매김하고 있다. 때에 따라 댓글이 또 다른 영상을 만들어내기도 한다.

〈댓글 읽어주는 기자들〉은 '듣다 보면 빡이 치고 보다 보면 목이 막히는데 사이다가 없어! 본격 고구마 섭취 방송'이라는 슬로건으로, KBS 기사에 달린 댓글을 그 기사를 쓴 기자에게 직접 물어보고 반응을 듣는 유튜브 채널이다. 기사에 대한 추가 해설과 취재 비하인드도 들을 수 있다. 댓글을 통해 기자가 직접 이용자들의 의견이나 비판에 대한 피드백을 주기 위해 시작됐다고 한다. 유튜브와 팟빵 등에서 운영한다. 〈댓글 읽어주는 기자들〉이라는 이름에서 알 수 있듯, 여기서는 댓글이 2차 생산물이 아니라 주재료다.

또 다른 예로 브레이브걸스의 노래 〈롤린〉 댓글 모음 영상을 들 수 있다. 국군 TV '공군 제 19전투비행단 위문열차' 영상에 달린 댓글 반응을 재해석해서 2021년 2월에 올렸다. 이 댓글 모음 영상이 화제가 되면서 〈롤린〉 역주행이 시작됐다.

"군대를 일찍 가서 인수인계 못 받은 게 한이다."

"이 정도면 알고리즘이지만 보려고 숨겨둔 거 아니냐."

"대한민국 국군의 피아 식별은 롤린 후렴 파트의 안무를 출 수 있는가로 가능하다."

댓글이 팬덤을 만들어낸 사례다. 이 밖에도 댓글을 이용한 콘텐츠는 유튜브에서 쉽게 찾아볼 수 있다. 유튜브 검색창에 '댓글 모음' 검색어를 입력하면 수많은 '댓글 모음' 콘텐츠를 볼 수 있다. 댓글은 콘텐츠와 채널의 팬덤을 이끌 수도 있지만, 코너를 폐지하거나 채널의 문을 닫게 만들 수도 있다. 그래서 댓글 관리가 필요하다.

댓글 관리가 콘텐츠에 반하는 댓글의 무조건인 삭제나 댓글창을 닫는 대응을 의미하는 것은 아니다. 유튜브를 운영하다 보면 콘텐츠로 인해 오해와 문제가 생길 수 있다. 문제가 발견되면 무대응보다는 문제점을 지적한 댓글에 채널 관리자가 직접 제작 의도를 설명하거나 사과의 대댓글을 달아주는 방식을 추천한다.

인신공격에 가까운 악플, 혹은 의도적으로 거짓 정보를 올려서 콘텐츠에 대한 평가를 떨어뜨리고 여론의 방향성을 바꾸려는 시도에는 관리가 필요하다. 영상의 이해를 돕는 2차 정보가 있다면 구독자가 남긴 댓글에 상세한 정보를 대댓글을 남겨 상단 고정하는 것도 좋다.

구독자가 늘어날수록 스팸 광고 댓글도 늘어난다. 홍보를 목적으로 댓글에 채널 주소를 남기는 경우는 흔하다. 선정적 콘텐츠를 발행하는 채널의 광고, 스팸 등은 채널 이미지를 손상시킬

채널에서 광고 등 유해한 댓글을 차단하는 방법.
자주 올라오는 단어를 차단함으로써 예방할 수 있다.

수 있기 때문에 반드시 삭제해야 한다. 거짓 정보, 악플 등은 '삭
제'하거나 '스팸 신고', '채널에서 사용자 숨기기 기능'을 사용해
대처할 수 있다. 아무리 지워도 계속 올라오는 스팸, 광고는 커뮤
니티 '세팅 기능'을 통해 원천 차단할 수 있다.

주락이월드
힘 빼고 만든 콘텐츠가 터진다

20년 넘게 술의 세계를 탐험하는 주류 탐험가 조승원 기자가 진행하는 코너로, 여러 가지 술에 얽힌 흥미로운 이야기를 알려주는 콘텐츠다. 다양한 종류의 술에 담긴 비하인드 스토리나 술 마실 때 알면 좋을 팁을 소개해 애주가들에게 좋은 반응을 얻었다.

기획 스토리

처음에는 지상파 소속 유튜브에서 술 이야기를 한다는 게 가능한 것인지조차 몰랐다. 그런데 어느 날 팀장이 지나가는 말로 "선배는 주류 책 세 권이나 쓰셨으니 술과 관련된 코너 만들어보시면 어때요?"라고 했다. "어 그래? 그게 가능해?"라고 반문했고, 다시 팀장은 "남들도 다 해요"라고 답했다. 이 이야기를 듣고 며칠 만에 기획한 코너가 <주락이월드>였다.

<주락이월드> 아이템 가운데 가장 높은 조회 수를 올린 건 2021년 여름에 올린 '20년 술꾼 노하우 대방출! 위스키 잔 선택부터 입문용 위스키 추천까지 총정리'였다. 2022년 11월 기준 유튜브 조회 수 109만 회를 기록했다. 아이템을 만든 사람 입장에서는 이런 반응은 전혀 예상하지 못했다. 제작자가 처음 편집본을 보고 예상한 조회 수는 10만 회 정도였는데, 기쁘게도 예측이 완전히 빗나갔다. 솔직히 당혹스럽기까지 했다.

<주락이월드>는 주류 브랜드의 역사를 소개하는 아이템이 대부분이라 자료 조사와 원고 집필에 많은 시간과 노력을 쏟는다. 그런데 이 아이템은 달랐다. '항상 주류 브랜드 역사 이야기만 했으니 좀 다른 걸 해볼까' 싶기도 했고 '너무 힘드니 잠시 숨 좀 돌리자'는 마음으로 완전히 '힘 빼고' 만든 아이템이다. 자료 조사 시간도 역대 아이템 중에 가장 짧았고, 대부분 현장 촬영으로 진행했다. 아이템 성적은 노력에 비례하는 게 아니라는 걸 보여주는 사례이다. 동시에 조회 수를 올리려면 '내가 만들고 싶은 아이템'이 아니라 '시청자가 원하는 아이템'을 만들어야 한다는 걸 깨닫게 해준 사례이기도 했다.

핵심 포인트 1년 반 <주락이월드>를 제작하면서 크게 느낀 게 있다. 유튜브 시청자들은 '알고 있지만 좀 더 알고 싶은 주제'를 선호한다는 것. '아예 모르는 것은 좀처럼 클릭하지 않는다'는 것이다. 잭다니엘스, 돔페리뇽, 짐빔, 곰표맥주, 압생트 등 <주락이월드>에서 조회 수가 잘 나온 아이템은 공통적으로 '누구나 다 아는', 그래서 '남들도 이미 다 한 번씩 만든' 주제들이었다. 반면 대중적 인지도가 떨어지는 브랜드를 다룬 아이템은 거의 예외 없이 조회 수가 잘 안 나왔다. 결국 누구나 다 안다고 생각하는 대중적인 주제를 좀 더 참신한 구성과 내용으로 알차게 채워서 만드는 게 중요하다고 생각한다.

빠르게 변화하는 뉴미디어 세계, 그다음은?

디지털 콘텐츠의 미래

캐릭터와
세계관이 있는
새로운 세상을
구축하다

채널들의 흥망성쇠 과정을 지켜보면서 한 가지 느낀 점이 있었다. 디지털 콘텐츠 시장은 다른 어떤 시장보다 빠르게 변하는데, 그 변화에 둔감해져 안주하면 그 순간 구독자들이 거짓말처럼 채널을 떠난다는 사실이었다.

뉴스레터는 왜 갑자기?

2021년 여름, 일사에프는 올해 선보일 새로운 기획을 준비했다. 당시 우리의 주력 사업인 유튜브의 구독자 수는 140만 명을 넘어 150만 명을 향하고 있었고, 협업을 원하는 기업들이 점점 늘어나면서 수익성도 눈에 띄게 좋아지고 있었다. 조회 수에 목말랐던 과거에는 상상도 못하던 일들이 현실이 되었다. 모든 일이 큰 어려움 없이 순탄하게 진행되고 있었다.

그 무렵 유사한 채널들의 흥망성쇠를 지켜보면서 한 가지 느낀 점이 있었다. 디지털 콘텐츠 시장은 다른 어떤 시장보다 빠르게 변화하는데, 그 변화에 둔감해져 안주하는 순간 구독자들이 거짓말처럼 채널을 떠난다는 사실이었다. 일사에프는 빠르게 성장했고 이제 어느 정도 안정화됐다는 평가도 받지만, 우리는 경험을 통해 본능적으로 직감할 수 있었다. 지난 4년이 생존을 위한 시간이었다면, 앞으로의 4년은 더 성장하기 위해 우리를 담금질해야 하는 시기라는 것을 말이다.

일사에프라는 브랜드를 더 많은 사람에게 알리기 위해 새로운 콘텐츠 시장에 진출해보기로 했다. 일사에프의 기본 콘셉트를 유지할 수 있으면서 진입 장벽이 높지 않고, 어느 정도 구독층이 형성돼 있는 뉴스레터 시장 쪽이 눈에 들어왔다. 사실 사업 초기에도 뉴스레터 서비스를 기획했다가 낮은 브랜드 인지도와 제작 인력 부족으로 시작조차 못한 적이 있었다. 그런 의미에서 어떻게 보면 우리에게 뉴스레터는 숙원 사업이었다. 5년이라는 시간이 흘러 다시 도전할 기회가 찾아온 셈이었다.

일사에프 뉴스레터는 차별화를 위해 캐릭터와 세계관이라는 콘셉트를 적용했다. 뉴스레터에는 '알지' 과장과 '그런지' 신입사원이라는 귀여운 먼지 캐릭터가 등장한다. 알지 과장은 잡학다식한 토종 국내파 먼지로 일사에프의 고인물이고, 유학파 출신의 그런지 사원은 MZ세대와의 공감력 100%인 호기심 왕성한 신입사원 먼지이다. 이들은 14층 사무실에 살고 있으며 직장 선배와 후배의 관점에서 구독자에게 세상의 모든 지식을 알려주는 역할을 한다.

알지와 그런지가 살고 있는 세계관에 뉴스레터의 주요 구독층인 사회 초년생들이 실제 경험하고 있을 세계를 반영했다. 캐릭터의 존재는 일사에프 뉴스레터의 브랜딩 강화를 위한 핵심 전략이기도 했다. 알지와 그런지는 일사에프 뉴스레터 그 자체다. 미키마우스가 곧 디즈니라는 공식이 성립하는 것처럼, 구독자들이 일사에프 뉴스레터를 더욱 쉽게 기억할 수 있도록 알지와 그런지를 다양한 기획과 마케팅에 활용할 계획이다.

뉴스레터 서비스를 선택한 이유는 동영상 콘텐츠 공개 시간대가 적지 않은 영향을 미쳤다. 일사에프의 동영상 콘텐츠가 유튜브에 공개되는 시간대는 평균적으로 오후 5시에서 7시쯤이다. 가끔 오전이나 이른 오후에 공개한 적이 있지만, 콘텐츠 분석 결과, 오전보다는 오후 시간대에 구독률이 압도적으로 높아서 특별한 경우가 아니라면 오전 시간대는 업로드를 지양한다. 바꿔 말하면, 아까운 오전 시간대를 놀리지 않을 대안이 필요했다.

뉴스레터는 오후보다 이른 아침과 오전에 콘텐츠를 소비하는 경향이 크다. 뉴스 콘텐츠의 경우에는 새로운 소식이 나오자마자 바로 소비하는 사람들이 많지 않기 때문이다. 그래서 전날 소식이 다음 날 오전에 알려지는 경우가 많아 이른 아침에 뉴스레터를 공개하는 것이 효율적이다. 상대적으로 오전 시간대에 공개하는 콘텐츠가 없었던 일사에프 입장에서는 뉴스레터가 그 공백을 채워줄 좋은 대안이 될 수 있었다.

뉴스레터의 구독층은 청소년부터 사회 초년생을 포함한 MZ 세대가 중심이다. 분주하게 등교와 출근을 준비하는 아침에 단 10분 투자로 관심사와 사회 이슈를 함께 알 수 있다면 나쁘지 않은 선택일 수 있다. 일사에프는 구독자의 아침을 의미 있는 정보로 채우기로 결심하고, 그동안 동영상으로 제작되지 못해 14층 높이로 쌓여 있는 아이템 보관 창고의 문을 열었다.

일사에프 뉴스레터 전략
'점심시간을 선점하라'

일사에프 뉴스레터가 가장 먼저 해야 할 일은 생존 전략 세우기였다. 이미 수년째 구독형 뉴스레터를 운영해온 경쟁사들이 존재했다. 경쟁사들의 점유율까지 높다 보니 당장의 경쟁보다 시장의 동향을 파악하면서 기초 체력을 키우는 것이 순서였다. 영상 기반인 방송만 줄곧 해왔던 제작팀에게 텍스트 기반의 뉴

일사에프 뉴스레터 소개 이미지.
본 채널의 브랜드를 활용하면서도 독립적인 채널로 기능하도록 기획했다.

스레터는 생소함을 넘어서 새로운 도전이었다. 당시 일사에프는 물가에 내놓은 어린아이나 다름없었다.

　시장 모니터링을 시작한 2021년 가을에는 정치, 경제, 사회, 문화, 국제 등 언론사에서 다루어지는 웬만한 주제를 여러 뉴스레터에서 다루고 있었다. 언론사 뉴스와의 차이점은 뉴스레터 서비스는 하루에 소개하는 소식을 다섯 개 이내로 제한하고, 2030세대가 일상생활에서 자주 사용하는 용어와 이모지를 많이 활용해 자유롭게 글을 쓴다는 것이었다. 필요한 정보만 선별해서 쉽고 재미있게 소개하니까 적게는 한 개, 많으면 네댓 개까지 뉴스레터를 구독하는 사람들도 있었다. 뉴스레터 구독을 안 하는 사람은 있지만, 구독하는 사람은 몇 개씩 소비하고 있다는 사실에 놀랄 수밖에 없었다.

업계에 대한 모니터링을 마친 우리는 이런 질문을 스스로에게 던졌다.

'다른 뉴스레터들과 어떤 점이 달라야 사람들이 일사에프 뉴스레터를 구독할까?'

답이 딱 떠오르지 않았다. 만만치 않은 고민이었다. 디자인부터 어법까지 전달 방식에는 서비스마다 차이가 있겠지만, 사실 뉴스 기사에서 아이템들을 선별하다 보니 내용 면에서는 거의 비슷비슷했다. 전문가의 영역으로 들어가면 또 다를 수 있지만, 결국 깊이의 차이일 뿐 큰 맥락에서 내용은 대동소이했다.

수많은 카페 중 사람들이 많이 찾는 곳을 가보면, 상징적인 콘셉트를 바탕으로 실내 장식을 한 곳이 많다. 고민 끝에 다른 뉴스레터와 차별화하려면 우리 색깔이 분명하게 드러나는 디테일한 콘셉트가 필요하다는 결론에 이르렀다. 대학생이나 직장인들은 쉬는 시간에 친구나 동료들과 대화를 나눈다. 많게는 일주일에 다섯 번을 친구나 동료와 함께 점심을 먹고 커피도 마시면서 다양한 주제로 수다를 떤다. 우리는 수다의 내용이 일사에프 뉴스레터에서 다룬 주제면 좋겠다고 생각했다. 이 아이디어가 바탕이 돼서 우리만의 콘셉트로 구체화했다.

친구나 동료들과 특정한 주제를 정해놓고 대화하는 경우는 생각보다 많지 않다. "지난주에 어디가 좋다고 해서 거기 놀러갔다 왔어, 어제 주식이 많이 떨어졌더라, 근데 코인은 좀 올랐네, 어제 마트 갔는데 요즘 물가 진짜 장난 아니더라, 지난주에 개봉한 그 영화 대박이었어" 등등. 소중한 점심시간에 나누는 이야기는 날씨나 TV 드라마, 스포츠 같은 일상적인 주제로 가볍게 대화를 나누는 '스몰토크'가 대부분이다. 우리는 일사에프 뉴스레터만 구독하면 점심시간 스몰토크의 최강자가 될 수 있다는 것을 핵심 적략으로 삼았다.

오전 6시쯤 이메일 발송되는 뉴스레터의 오픈률은 출근 시간대인 오전 6시부터 8시까지가 가장 높고, 그다음은 오전 8시부터 10시대가 높다. 아침에 흥미로운 내용을 봤다면 친한 사람과 공유하고 싶을 것이다. 사람들의 라이프 스타일과 뉴스레터가 소비되는 형태를 분석해보니 뉴스레터 내용이 점심시간에 스몰토크 주제로 활용되는 것이 가장 이상적이라는 판단이 들었다.

"일사에프에서 만든 뉴스레터 있잖아. 아침에 거기에 나왔는데 요즘 MZ세대들은 홍대에서 이런 거 먹는 게 유행이래. 우리도 다음에 한번 가보자."

실제로 2022년 6월쯤에 상암동의 한 카페에서 점심때 커피를 마시다가 옆자리에 앉은 사람이 이렇게 말하는 것을 들었다. 본의 아니게 엿들었지만, 그 순간 너무 감사한 마음이 들었다. 누군가에게 우리 뉴스레터가 영향을 미치고 있다는 사실이 놀라웠다. 일사에프 뉴스레터는 이런 응원에 힘입어 구독자를 점심시간 스몰토크의 최강자로 만들기 위해 오늘도 피와 살이 될 아이템을 찾고 있다.

뉴스레터 론칭 한 달 동안 일어난 일들

'2022년 2월 28일 월요일'

반년이 넘는 준비 기간 끝에 드디어 일사에프 뉴스레터가 세상에 공개됐다. 한 번도 해보지 않은 일에 처음 도전했을 때는 실패에 대한 두려움만큼 성공에 대한 기대감 역시 컸다. 뉴스레터 서비스의 준비부터 시작 직후까지 무엇을 어떻게 해야 할지 감이 오지 않아서 우여곡절이 정말 많았다.

뉴스레터 서비스를 시작한 이후부터의 길다면 길고, 짧다면 짧을 수 있는 한 달의 시간이 우리 팀에게는 잊을 수 없을 만큼 긴 시간이었다. 다섯 차례에 걸친 이메일 발송 사고와 그에 따른 구독 취소 사태, 끊임없이 자잘하게 발견되는 홈페이지 오류, 두 번의 서버다운…. 1년이 아니라 불과 한 달 사이에 우리에게 벌어진 일들이었다. 그렇다고 이미 시작한 일을 되돌릴 수는 없는 법이다. 어떻게 하면 정글 같은 디지털 콘텐츠 시장에서 일사에프 뉴스레터가 생존하할 수 있을까 고민해야 했다.

일사에프 뉴스레터는 월, 수, 금요일 오전 6시에 구독자가 등록한 이메일로 전송된다. 콘텐츠는 총 다섯 개이며 주제의 순서는 건물의 층수(1F, 2F, 3F 등)로 표기해서 일사에프 로고와 잘 어울리도록 구현했다. 특히 디자인에 공을 많이 들였다. 메인 컬러는 일사에프 고유색인 민트와 네이비를 사용했다. 아까도 말했듯이 14층 사무실에서 살고 있는 먼지를 모티브 삼아 알지 과장과 그런지 신입사원이라는 캐릭터를 만들었다.

알지와 그런지는 일사에프 뉴스레터에 들어가는 모든 삽화의 주인공이다. 이미지만으로는 설명하기 어려운 주제를 이해하기 쉽게 귀여운 캐릭터로 전달하고 싶었다. 캐릭터 삽화는 다른 뉴스레터와의 차별점이자 우리 뉴스레터의 가장 큰 강점이다.

일사에프 뉴스레터의 핵심 전략은 구독자에게 점심시간 스몰토크에 써먹을 이야깃거리를 제공하는 것이었다. 세상에 서비스를 선보였으니 가장 먼저 할 일은 스몰토크 전략이 시장에 잘 통했는지 확인하는 것이었다. 누가 뉴스레터를 구독하는지, 구독자들은 어떤 걸 좋아하고 또 싫어하는지 가능한 한 구체적으로 파악해야만 했다. 서비스 초기에 일사에프 뉴스레터의 성장에 방해가 될 수 있는 장애물을 깨끗이 제거하고, 그 자리에 무엇이든 성장 동력을 채워주는 게 중요했다.

뉴스레터 팀은 그 무언가를 찾기 위해, 지옥 같은 한 달이 지난 시점인 4월 1일부터 14일까지를 자칭 14 DAY(일사데이)로 정하고 구독자 설문조사를 했다. 일사에프 뉴스레터 운영에 매우 중요하고 소중한 자료인 이 분석 결과를 공개할지 말지 한참 고민했지만, 전쟁 같은 디지털 플랫폼 세상에서 단 한 명이라도 살아남기를 바라는 마음으로 공유하기로 했다.

모두 2,829명의 구독자가 설문에 참여했는데, 먼저 일사에프 뉴스레터의 연령층은 2030세대가 전체의 71.1%를 차지했다. 구독자의 직업은 직장인이 51.3%로 가장 높았고, 사회 초년생이 12.9%, 취업 준비생이 12%, 프리랜서 11%순으로 학생보다는 직장 생활을 하는 2030세대가 일사에프 뉴스레터를 많이 구독하는 것으로 조사됐다. 애초에 목표로 한 구독층 공략에는 성공했다고 볼 수 있다.

뉴스레터의 아쉬운 점을 묻는 질문에 텍스트가 너무 많다는 의견이 전체 응답자의 60%, 도움이 안 된다는 응답이 19%를 차지했다. 구독자들은 정보가 너무 많고, 관심사가 아닌 주제가 등장하는 것이 싫다고 답했다. 생각보다 직설적인 응답에 당황했지만, 애매하고 포괄적인 응답보다 훨씬 좋았다. 운영자 입장에서는 정확히 어떤 것이 좋고 싫은지 콕 짚어서 말해주는 것이 제일 좋다. 이런 의견은 확인 즉시 곧바로 적용할 수 있으므로 서비스 개선에 큰 도움이 된다.

하이라이트인 '구독자들의 요즘 관심사'에서는 재테크와 투자 등 경제 정보가 1위, 취업이나 이직, 어학 등 경력에 관한 정보가 2위, 운동과 영양제 등 헬스케어 정보가 3위로 나타났다. 친환경 이슈도 근소한 차이로 4위에 올라 MZ세대 중에서도 2030세대 직장인과 사회 초년생들은 일상생활과 직접적으로 관련된 정보와 이슈에 높은 관심이 있다는 것을 확인했다.

흩어져 있는
콘텐츠를
큐레이팅하라!

뉴스든 웹예능이든, 대다수의 구독자들은 자신이 선호하는 장르의 콘텐츠만 시청하길 원한다. 일사에프에 코너별, 장르별로 콘텐츠를 큐레이팅해야 할 시기가 온 것이다.

'일사에프' 전용 애플리케이션을 만든다고?
무리한 일이 아닐까?

2022년 5월 16일 일사에프 앱을 세상에 선보였다. 일사에프 유튜브 구독자 수가 150만 명에 가깝게 근접한 시점이었다. 페이스북, 인스타그램, 틱톡 구독자까지 합치면 180만 명을 넘어섰다. 4년간 40개가 넘는 코너을 제작했고 일사에프에서 독립한 〈소비더머니〉, 〈별다리 유니버스〉, 새로 시작한 뉴스레터까지 콘텐츠를 합하면 양이 꽤 방대했다.

초기 일사에프는 짧고 똑똑한 뉴스를 표방했지만, 채널이 확대되면서 뉴스·정보 콘텐츠·웹예능 등 다양한 장르의 콘텐츠를 아우르는 일종의 디지털 콘텐츠 스튜디오로 성장했다. 콘텐츠가

일사에프 앱 소개 이미지.
일사에프의 콘텐츠를 코너별, 장르별로 큐레이팅해서 볼 수 있다.

다양해져서 좋아하는 구독자들도 있지만, 특정 장르나 코너 때문에 일사에프를 구독하는 이들도 있다. 뒤의 구독자들은 관심 없는 콘텐츠는 걸러서 시청하기를 원했다. 〈데일리픽〉을 좋아하는 이들은 웹예능 아이템이 자신의 피드에 노출되는 것을 원하지 않는다. 웹예능을 좋아하는 구독자들도 마찬가지다. 뉴스든 웹예능이든, 대다수의 구독자들은 자신이 선호하는 장르의 콘텐츠만 시청하기를 원한다. 일사에프에 코너별, 장르별로 콘텐츠를 큐레이팅해야 할 시기가 온 것이다.

일사에프 앱은 유튜브, 페이스북 등 여러 플랫폼에 흩어진 콘텐츠와 초기에 제작돼서 유튜브 홈에서 더 이상 찾아볼 수 없는 콘텐츠, 그리고 진행형으로 제작되는 콘텐츠까지 보기 쉽게 코너별, 장르별로 정리하기 위해 기획됐다. 앱을 만들기로 결정하기까지는 쉽지 않았다. 무엇보다 비용이 문제였다. 자체적인 앱 개발에 적지 않은 비용과 시간이 소요된다. 적게 잡아도 2억 원에 가까운 비용이 예상됐다. 비용 절감을 위해 뉴스레터 웹 먼저 외주 개발하고, 개발된 웹을 바탕으로 앱은 사내에서 자체 개발하기로 했다. 데이터솔루션 팀에서 앱 개발 업무를 맡아주었다.

개발 뒤에는 앱을 유지하고 성장시킬 수익 모델을 찾아야 했다. 배너 광고나 브랜디드 콘텐츠 제작을 통해 운영에 필요한 비용을 마련하려면 앱 다운로더 수가 적어도 10만 명은 넘어서야 한다. 단기간에 10만 명이 다운로드받는 앱을 개발할 수 있을까? 〈MBC뉴스〉 같은 언론사 메인 뉴스 앱을 제외하고는 수익 모델을 통해 오랜 기간 살아남은 뉴스, 정보 앱을 찾기 힘들다. 사람들의 기억 속에서 딱 떠오르는 서브 브랜드 뉴스나 버티컬 정보 콘텐츠 앱이 있을까?

　개발과 포기 사이에서 고민하면 끝에 200만 구독자의 힘을 믿어보기로 했다. 구독자의 니즈에 맞는 앱을 개발한다면 단기간에 10만 명의 다운로더를 모을 수 있을 것 같았다. 알림과 아카이빙 기능에 중점을 두고 앱을 기획했다. 원하는 코너만 별도로 받을 수 있는 알림 기능을 만들고, 검색과 저장 기능을 통해 구독자 취향에 따라 아카이빙 되도록 앱을 설계했다.

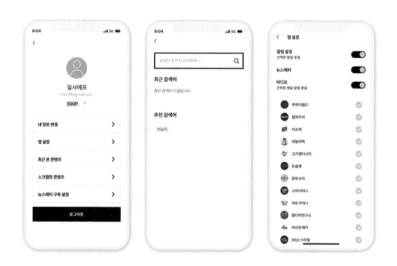

일사에프 앱의 기본 기능. 각 콘텐츠의 아카이빙과 큐레이팅이 가장 중요하다.

일사에프 앱 메인 페이지(왼쪽)와 뉴스레터 페이지(오른쪽).

일사에프 앱 카드뉴스 페이지(왼쪽)와 비디오 페이지(오른쪽).

일사에프 앱 커뮤니티 '먼지Talk' 페이지.　　　일사에프 앱 내 마이페이지.
　　　　　　　　　　　　　　　　　　　　내 캐릭터를 가상공간에서 키울 수 있다.

　'먼지Talk'에는 커뮤니티 기능을 담았다. 앱 사용자들이 커뮤
니티에서 대화를 나눔으로써 앱에 머무는 시간을 최대한 늘리기
위함이다. 체류 시간이 늘어나면 앱에 대한 사용자의 충성도 역
시 자연스레 높아질 것으로 기대된다.

　14층을 마이페이지를 통해 가상공간으로 구현했다. 처음 앱을
설치하면 '마이페이지'는 빈 공간이다. 데이터 이용량이 늘어나
면 일사에프 캐릭터인 '알지'와 '그런지' 주변에 책상과 의자, 노
트북 등 사무기기가 늘어난다. 사용자는 애플리케이션을 이용하

면서 가상공간을 채워가는 재미를 느낄 수 있다. 앞으로 애플리케이션의 성장에 따라 마이페이지에서 굿즈나 유료 콘텐츠도 판매할 계획이다.

일사에프의 미래

일사에프 앱은 7개월 만에 다운로드 수 8만을 기록했다. 앱을 선보인 후 일사에프의 여러 유튜브 채널을 통해 홍보에 힘썼다. 우선 모든 콘텐츠의 인트로 트랜지션(본격적으로 시작하기 전 미리 보여주는 하이라이트와 본 내용 사이를 구분지어 주는 짧은 영상)을 애플리케이션 홍보 영상으로 바꿨다. 콘텐츠를 소비하는 사람들에게 자연스럽게 애플리케이션을 노출하기 위해서였다. 기존 채널을 활용한 홍보 덕분인지 일사에프 앱의 성장은 순항 중이다. 앞으로의 운영은 일정 기간 집계되는 다운로드 수에 맞춰서 수정할 계획이다.

페이스북에서 시작한 일사에프는 유튜브, 인스타그램, 틱톡, 그리고 애플리케이션까지 플랫폼을 하나씩 늘려나갔다. 어떤 플랫폼이든 콘텐츠를 꾸준히 올리면 구독자 수는 조금씩이라도 늘

일사에프 애플리케이션 홍보를 위해 콘텐츠에 삽입한 트랜지션 이미지.

어난다. 일사에프 앱 역시 꾸준히 공들여 키워간다면 기존 채널들처럼 좋은 결과를 얻을 수 있으리라고 믿는다. 채널과 플랫폼이 성장하려면 양질의 콘텐츠와 시간이란 자양분이 필요하다.

지상파 방송사가 NFT에 관심을 가지는 이유

유튜브나 SNS에서 무한 복제되는 동영상, 음원 등을 돈 주고 산다? 사람들이 정말 돈을 내고 산다면 획기적인 사업 아이템 이겠지만, 봉이 김선달이 대동강 물을 파는 것 같다고 느낀 건 나만은 아니었다.

갑분 NFT

2021년 7월쯤이었다. 신사업 개발팀에서 "NFT 사업을 맡아서 해보지 않겠냐"고 제안했다. NFT? 2020년 말부터 기사로 자주 접하던 단어다. 투자 관련 용어로 인지하고 관련 기사가 뜰 때마다 찾아보았지만, 깊이 있게 이해하지는 못했다. '대체 불가능한 토큰'의 약자로, '디지털 파일에 블록체인 기반의 메타데이터를 입력해서 소유권 이전이 가능한 새로운 형태의 디지털 자산' 정도로 이해했다.

'무한 복제가 가능한 디지털 자산을 누가 돈 내고 살까?'

이런 의문이 생겼다. 블록체인을 통한 기록으로 유일성을 가지고 있다지만, 겉으로 구분이 안 되기 때문이다. 유튜브나 SNS

에서 무한 복제되는 동영상, 음원 등을 돈 주고 산다? 정말 돈 내고 사는 사람들이 있다면 획기적인 사업 아이템이겠지만, 봉이 김선달이 대동강 물을 파는 것 같은 느낌이었다. 블록체인으로 소유권을 보장한다지만 저작권 없는 NFT를 사서 어디에다 쓸까 싶은 의문도 생겼다. 낮은 식견 때문일 수도 있다는 생각에 관련 서적을 파면서 NFT 전문가들을 찾아다녔다.

일사에프 <아트가 머니> NFT 편

NFT는 미술은 물론이고, 연예인, 스포츠, 게임, 그리고 최근 구호기금과 레스토랑 멤버십, 명품 브랜드의 보증서까지 다양한 분야로 확장되고 있다. 2021년에만 'NFT'라는 단어 사용이 11,000% 이상 늘었다. 약어 사용량이 이렇게 크게 증가한 것도 굉장히 이례적인 일이다. 게다가 콜린스가 정한 2021년 '올해의 단어'로 선정되기도 했다. 도대체 NFT가 뭐기에, 이렇게 열풍이 부는 것일까? 짧게 말하면 NFT란 디지털 아이템을 소유하고 소유권을 기록하는 '암호 자산'으로, 대체 불가능한 토큰(Non-Fungible Token)의 약자다.

디지털 콘텐츠로 예를 들어보자. 하나의 디지털 콘텐츠는 무한히 복제된다. 형태상으로 최초의 콘텐츠를 알아내기는 불가능하다. 0과 1로 이뤄진 영상 파일은 완벽한 형태로 복제된다. 이 영상 파일에 블록체인 기반의 메타데이터를 입력하면 어떻게 될까? 여기서 대체 불가능성이 나타난다. 블록체인으로 만들어진 토큰은 수많은 컴퓨터 혹은 서버를 통해 유일성을 인정받기 때문에 해킹으로 위조하기 어렵다.

NFT는 작가의 친필 서명이 새겨진 그림에 가깝다. 빈센트 반 고흐의 작품 <15개의 해바라기>(1888)를 상상해보자. 일부 전문가들을 제외하고 〈해바라기〉 진품과 복제된 위작을 구분하기 힘들다. NFT는 블록체인을 통해 진품임을 증명하는 '고흐'의 친필 사인 같은, 고유한 디지털 넘버를 부여받는다. 같은 그림처럼 보이는 디지털 파일이지만 진품과 위작처럼 고유한 넘버가 새겨진 NFT와 디지털 파일은 전혀 다른 가치를 가진다.

NFT의 상업성은 콘텐츠의 희소성과 블록체인이 가져다준 유일성에 기반을 두고 있다. NFT 아트의 시초라고 불리는 디지털 한정판 캐릭터 크립토펑크 경우, 아홉 개의 크립토펑크 콜렉션이 크리스티가 진행한 경매에서 189억 원에 팔렸다. 24x24 사이즈의 픽셀 이미지 파일이 왜 이렇게 비싸게 팔릴까? 크립토펑크는 2017년 라바 랩스가 만든 이더리움 기반의 NFT 프로젝트이다. 현재 NFT 표준 기술인 erc-721이 존재하기도 전에 생겨난 NFT이다. 쉽게 말하면 현재 만들어지고 있는 토큰 표준 기술인 erc-721의 탄생에 영감을 준 조상 같은 NFT 프로젝트다. 딱 1만 개만 존재하는 NFT. 그 희소성이 가져다준 상업성에 평가는 실로 엄청나다.

그렇다면 NFT는 어떤 형태를 가지고 있을까? 만약 판화를 1만 개 한 정판으로 찍는다고 하면 각 그림에 35/10,000, 432/10,000 이런 식으로 에디션 넘버가 부여된다. NFT에도 이런 고유의 넘버가 붙는다. 단순히 그림 번호를 적어두는 것이 아니라, 블록체인이라는 기술로 발행부터 사고 파는 모든 순간이 기록되게 만들었다. 인터넷을 사용하면 쿠키에 사이트 방문 기록이 남는데 그것과 비슷하다고 생각하면 조금 이해가 쉬울 것 같다. 다만 쿠키와 달리 NFT는 기록 삭제가 불가능하다.

NFT를 리셀 시장에 도입해 운동화의 정품 여부와 소유권 추적에 활용하고, 더 나아가 부동산에서도 소유권 일부를 NFT로 발행하고 거래할 수 있다. 또 향후 신분증이나 자격증으로도 그 용도가 확대될 것이다. 위조 논란이 많은 졸업장 등도 NFT로 취득하게 만들어서 발행 시점과 발행 기록을 남기고, 내용을 변경할 수 없게 만들 수 있다.

가장 직관적으로 이해하기 쉬운 NFT 콘텐츠는 NBA Top Shot이다. NBA 선수의 20초 분량의 하이라이트 경기 영상이 모멘트Moment라 불리는 NFT로 발행됐는데, 약 6,000억 원 이상의 거래량을 기록했다. 구매력 있는 NBA 팬들이 유명한 선수 혹은 희귀한 장면이 디지털화된 스포츠 카드 형태의 NBA NFT를 높은 값에도 불구하고 사 모으고 있는 것이다. 르브론 제임스의 모멘트는 20만 달러 이상의 가격을 기록했다.

2021년 3월에는 방귀 소리를 NFT로 판매한다는 기사도 나왔다. 미국의 영화감독인 알렉스 라미레스 말리스가 세계 최대의 NFT 시장인 '오픈씨opensea.io' 안에 방귀 상점이라는 가게를 열고 1년간 방귀 소리를 판매했다. 혹시나 하는 마음에 판매를 시작했다는데, 익명의 누리꾼이 약 9만 6,000원에 한 개 구입했다. 판매자 말리스의 말처럼 "NFT 시장이 미쳤다고밖에 할 수 없다"고 볼 수도 있지만, 구매자가 방귀 소리 NFT의 유일성에 모험적 투자를 했다고 볼 수도 있다. NTF는 판매자부터 구매자, 구매 시기 등의 정보가 블록체인을 통해 암호화된 형태로 기록됨으로써 유일성이 담보되기 때문이다.

NFT 사업 어떻게 해야 하나?

NFT 사업을 시작하면서 가장 조심해야겠다고 생각한 측면은 가상화폐에 대한 사회적 인식과 NFT 판매 이후에 벌어질 상황에 대한 관리였다. 여전히 'NFT = 코인'으로 이해하는 이들이

"MBC가 가상화폐로 돈을 벌려고 해?"라는 의구심을 가지지 않을까 하는 걱정과 "믿고 샀는데 1년 후에 NFT 상품 가치가 떨어지면 어쩌지?"라는 고민이 앞섰다.

이 같은 고민 해결을 위해 파트너가 필요했다. 블록체인 전문 기업 블로코 xyz와 MOU를 체결했다. MBC의 마켓플레이스는 블로코 xyz의 거래 시스템 위에 모자(하나의 시스템을 활용하는 온라인 쇼핑몰처럼 블로코 xyz 시스템을 활용하고 MBC 마켓플레이스 홈페이지는 인터페이스만 노출되는 형태)를 씌운 형태다. 홈페이지, 즉 인터페이스만 존재한다. 블로코 xyz가 운영하는 CCCV(국내 NFT 플랫폼) 가상화폐 거래 시스템을 빌려 쓰는 방식이다. 직접적인 가상화폐 거래를 피하기 위해서였다. 가상화폐 거래는 블로코 xyz가 담당하고 MBC는 콘텐츠 공급자의 역할만 한다.

마켓플레이스는 NFT 상품을 판매하는 상점이다. NFT 마켓플레이스는 누구나 상품을 올릴 수 있는 오픈 마켓과 심사를 통해 올릴 수 있는 마켓, 그리고 운영 주체만 올릴 수 있는 마켓으로 나뉜다. NFT 마켓플레이스는 다음과 같다.

'아카이브 바이 MBC'. MBC NFT 마켓플레이스는 오픈 마켓이 아니다. MBC에서 제작된 NFT와 선별된 NFT만 올릴 수 있는 마켓이다. MBC 콘텐츠를 NFT로 출시, 판매하기 위해 제작됐다.

등록 방식	마켓플레이스 이름	주소
누구나 등록 가능	오픈씨	opensea.io
	CCCV	cccv.to
심사 후 등록	클립드롭스	klipdrops.com
	업비트 NFT	upbit.com/nft
	Archieve by MBC	archievebymbc.com
	TopPort	topport.io
	ARTTOKEN	arttoken.ai

마켓플레이스 사례.

마켓플레이스를 만들기 전에 NFT 판매에 대한 전략적 선택이 필요하다. 오픈씨 같은 마켓플레이스에 콘텐츠 프로바이더로 판매만 할지, 아니면 자체적으로 마켓플레이스를 운영할지는 선택의 문제다. 제작사마다 다른 환경에 처해 있기 때문에 각자의 환경을 면밀히 검토하고 결정해야 한다.

제작된 NFT에 대한 구매 니즈가 해외에서도 있는지, 지속적으로 NFT를 제작할 수 있는지도 먼저 판단해야 한다. 해외 홀더(소유자)들도 매력을 느낄 만한 콘텐츠 IP를 가지고 있다면 오픈씨에서 판매할 것을 추천한다. 해외 홀더들이 NFT 구입을 위해 찾아올 만한 매력적인 콘텐츠를 확보했고 해외에 홍보할 예산이 있다면 자체적인 마켓플레이스를 설립할 수도 있다.

MBC는 후자를 선택했다. 모든 여건이 갖춰졌다 해도 플랫폼

활성화가 생각보다 힘들다는 것을 알고 있었지만, 한편으로는 이번 기회를 잘 살리고 싶다는 마음도 있었다. 디지털 콘텐츠의 공급자로서 플랫폼 운영자가 늘 부러웠기 때문이다. 유튜브를 예로 들면, 동영상만 올리는 크리에이터에서 벗어나 아예 플랫폼 운영자가 되는 것과 비슷하다.

창사 60주년에 맞춰 시작한 NFT 사업은 MBC가 보유한 아카이브 영상, 오디오를 디지털 자산화해서 새로운 비즈니스 모델을 찾으려는 노력의 일환이다. 2021년 7월 '문화방송 TV 방송 시작', 조선총독부 옛 건물 해체 모습을 담은 영상을 NFT로 판매했다. 결과는 완판이었지만, 희귀 영상인 점과 NFT 시장이 성숙되지 않은 상황을 감안하자면 모험적 구입일 수도 있다. 마켓플레이스 활성화를 위해서는 확실한 콘텐츠가 필요했다. 가장 먼저 〈무한도전〉이 떠올랐다. 방송은 몇 년 전에 끝났지만 유튜브나 IPTV에서 여전히 시청률 상위권을 지키고 있다. 팬들도 이제 가장 강력한 구매력을 가진 3040으로 성장했다.

처음에는 유재석, 박명수, 정형돈 등의 밈만 잘라서 판매해도 충분히 수익을 얻을 수 있을 것 같았다. 무한도전 로고 역시 판매가 가능하다고 생각했다. 5년 동안 총 500회로 제작된 무한도전의 로고를, 디지털 아티스트 '비플'이 NFT로 높은 가격에 판매한

Memories

Hello, DDKANG
디디강

거자 메타버스!
롱

[14F] 데일리 강다솜 아나운서, 안녕 모
음
(주)문화방송

[남향특집 미니시리즈 M] 타이틀
(주)문화방송

1996년, 삼성전자 - 세계최초
1기가 D램 개발 성공
(주)문화방송

컬러 방송이 시작된 날! MBC 뉴스데스
크
(주)문화방송

[무한도전] LA에서 도산 안창호를 만나
다
(주)문화방송

[무한도전] 작장인의 애환을 담은 무한
상사
(주)문화방송

MBC의 자료화면을 NFT로 만들어 아카이빙한 자료실.

디지털 사진 '에브리데이'처럼 만들면 얼마에 팔릴까 하는 흐뭇한 생각에 잠을 설치기도 했다. 드라마 타이틀은 어떨까? 드라마 〈M〉, 〈전원일기〉, 〈내 이름은 김삼순〉, 〈커피프린스 1호점〉 등 흥행한 드라마의 타이틀만 모아도 수십 개는 될 것 같았다.

얼마 지나지 않아 NFT로 판매하려면 출연진 모두의 승낙이 필요하고, 이 때문에 초상권 해결이 불가능하다는 사실을 알게 되었다. 드라마의 경우, 출연 배우 하나하나를 찾아 헤매야 했다. 한 명만 반대해도 노력은 물거품이 된다. 드라마, 예능 영상이 힘들다면 보도 영상은 어떨까?

CNN의 경우 이미 종군 기자의 영상 또는 시대상이 담긴 보도 영상을 NFT로 판매하고 있다. 2022년 1월 11일 코인데스크 기사에 따르면 AP통신 역시 AP마켓플레이스를 만들고 폴리곤 블록체인 기반의 NFT 판매를 선언했다. 2007년 퓰리처상 사진 부문 수상작인 〈바리케이드를 사수하며〉를 시작으로 2주마다 퓰리처 수상작 사진을 NFT로 발행한다고 밝혔다.

CNN이나 AP통신의 사례로 알 수 있듯, 여러 방송사와 통신사, 신문사에서 보도 영상 NFT 제작이 시도되고 있다. 그렇지만 보도 영상 역시 NFT로 판매하려면 고려할 사항이 많다. 2005년, 서울 어린이대공원에서 코끼리들이 집단으로 탈출했다. 코끼리

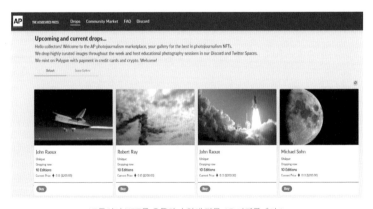

AP통신이 NFT를 유통하기 위해 만든 AP 마켓플레이스.

들이 사람을 들이받고 음식점에 들어가 기물을 부수는 대소동이 벌어졌다. MBC 취재진이 가장 먼저 도착했고 그날 〈뉴스데스크〉에 독점 영상이 방송됐다. 이 특종 영상을 NFT로 판매한다고 가정해보자.

영상 저작권은 MBC에 있지만, 영상에 포함된 시민들의 초상권은 어떻게 할 것인가? 공익을 위해 보도 목적으로 촬영된 영상과 수익을 목적으로 발행된 NFT는 초상권 침해를 판단하는 기준이 다르다. 논란의 여지가 있지만 공적 장소에서 노출된 공적 인물들과 사건 사고 현장에 우연히 카메라에 찍힌 시민들의 초상권은 확실히 다르게 봐야 한다. 초상권 침해 문제를 사전에 방지하려면 촬영된 모든 시민의 얼굴을 모자이크 처리해야 하는데, 보도 영상이 모자이크 범벅이면 현장성을 잃게 된다. 보도 영상 역시 NFT 제작에 가장 큰 변수는 초상권이었다. 공적 장소에서 공적 의미를 담기 위해 촬영된 영상만이 초상권 문제에서 자유로울 수 있다.

마켓플레이스 론칭에 맞춰 메일 서비스를 준비하고 홍보에 힘썼다. 우선 MBC에서 독자적인 마켓플레이스를 만들었다는 사실을 세상에 널리 알려야 했다. 마켓플레이스 가입자들에게 이메일 주소를 받아 MBC에서 발행하는 NFT 관련 소식을 알렸다. 아카이브에 보관된 수많은 MBC 콘텐츠를 일방적으로 NFT로 제작하는 방식보다 NFT에 대한 관심과 이해가 있는 이들이 원하는 콘텐츠를 민팅(블록체인 기술을 활용해 디지털 콘텐츠에 대체 불가능한 고유 자산 정보를 부여해 가치를 매기는 작업, 쉽게 말해 NFT를 발행하는 것)하는 방식이 사업 키우기에 효과적이라고 판단했다. 결과적으로 메일 서비스를 통한 홍보는 NFT 판매에 큰 힘이 됐다.

디지털 콘텐츠 채널을 운영하면서 경험한 바로는 채널 홍보에 가장 효과적인 수단은 화제를 일으키는 킬러 콘텐츠 제작이다. 단기간에 마켓플레이스를 홍보하고 NFT 신에 주목을 받기 위해 우리가 선택한 킬러 아이템은 무야호다.

MBC의 히트 밈 '무야호'와 '상상도 못한 정체'는 NFT로 만들어져 판매되었다.

기존 질서를
대체할 새로운
플랫폼을 찾아서

블록체인이 세상에 나타나기 전에 디지털화된 영상이 무한 복제되어 사용되는 것이 디지털의 시대정신이었다면 NFT를 통해 디지털 작품의 원작자에게 고유한 권리를 돌려주는 것 역시 새로운 시대정신이 될 수 있다.

무야호를 팔아볼까?

2021년 최고의 밈은 무엇일까? 단연 '무야호'다. 무야호는 '알래스카에서 김상덕 씨 찾기'를 주제로 한 〈무한도전〉 2010년 알래스카 특집에서 유래됐다. 그들은 보이는 교민마다 김상덕 씨인지를 물으며 헤맨 끝에 앵커리지 한인회관에 도착한다. 그곳에서 마주친 두 명의 노인에게 〈무한도전〉을 보고 있는지 묻자 한명이 먼저 잘 모른다고 답변한다. 하지만 뒤이어 다른 할아버지가 "저희가 많이 보죠"라고 답변한다. 〈무한도전〉을 알고 있다는할아버지에게 노홍철이 "혹시 〈무한도전〉의 액션이 어떻게 되냐"고 묻는다. 그러자 할아버지는 갑자기 "무야호"를 외치고 멋쩍어한다. 정형돈은 할아버지를 위해 "그만큼 신난다는 거지"라고 리액션해준다. 이것이 무야호의 유래다.

무야호를 NFT 신의 킬러 아이템으로 등장시키려면, 우선 초상권 문제를 해결해야 했다. 〈무한도전〉의 멤버들이 알래스카에서 김상덕 씨를 찾는 것만큼 힘들지는 않았겠지만, 미국에 살고 있는 무야호 할아버지에게 연락하는 일은 생각보다 어려웠다. 물어물어 겨우 연락이 됐지만, 진짜 문제는 그때부터 해결해야 했다. NTF가 무엇인지, 무야호가 왜 지금 인기인지 처음부터 하나하나 설명해야 했으니까. 설명을 다 들은 할아버지는 서울에 있는 아들과 상의해보라고 답했다. 가족들에게 최종 허락을 받은 다음에는 다른 출연진의 초상권 문제가 남아 있었다. 이 문제를 해결하고자 NTF는 프레임 단위로 잘라서 편집했다.

'무야호'의 판매 이후 iMBC 주가가 오르기 시작했다. iMBC가 NFT 관련주로 분류되면서 하루 만에 주가가 25%가 올랐다. 무야호 NFT 판매에 대해 기사가 쏟아졌다. 여기저기서 NFT 관련 내용을 묻는 연락이 쇄도했다. 다음으로 준비하는 아이템이 무엇인지, 언제 발행하는지 문의하는 이들도 생겨났다. 이슈를 이어나갈 다음 타자를 찾아야 했다. NFT 전시회를 열고 다수의 NFT를 판매하기로 했다. 전시회를 위해 20개의 NFT를 민팅하기로 결정했다.

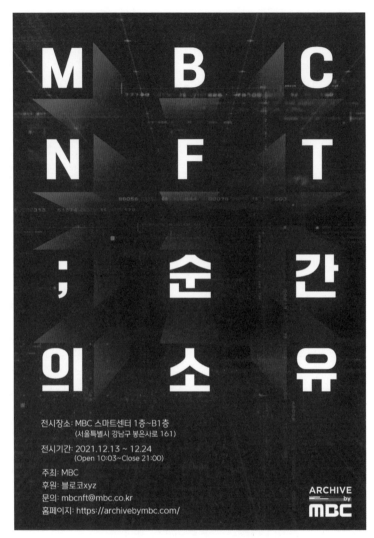

MBC의 NFT를 소개하고 판매하기 위해 개최한 전시회.

전시 전까지 30개 작품 리스트	
1	[타이틀] 서프라이즈 1회	판매 예정 /제작 중
2	[타이틀] 납량특집 드라마 M 1회	
3	[타이틀] 전원일기 마지막회	
4	[무한도전] 위대한 유산 로고	
5	[무한도전] 배달의 무도 로고	
6	[보도] 삼성전자 세계최초 1기가 D램 개발 성공	
7	[보도] 신세계 그룹	
8	[보도] 디지털 방송 전환	
9	[보도] 해외여행 자유화	
10	[콜라보] 엠빅(4종류)	
11		
12		
13		
14	[콜라보] 크리스마스(4종류)	
15		
16		
17		
18	[보도] 경부고속도로 개통	판매 예정 /제작 완료
19	[보도] 2000년의 시작	
20	[예능] 복면가왕 신봉선 ㄴㅇㄱ	
21	[크리에이트] MBC 김민호 아나운서의 첫 번째 브이로그	판매 완료
22	[크리에이트] 박지민 아나운서의 합격부적	
23	보도] 1995년 대한민국 광복 50주년, 구 조선총독부 해제!	
24	[로고] 무한도전 직장인의 애환을 담은 무한상사	
25	[크리에이트] 14F 데일리 강다솜 아나운서, 안녕 모음	
26	[보도] 서울 지하철 30년의 역사, 서울지하철 1호선 개통식	
27	[예능] 무한도전 무야호~ 그만큼 신나시다는 거지	
28	[로고] 무한도전! LA에서 도산 안창호를 만나다	
29	[보도] 대한민국 방송 역사의 시작, 문화방송 개국	
30	[보도] 컬러 방송이 시작된 날! MBC 뉴스데스크	
31	[보도] 대한민국 경제성장! 코스피, 사상 첫 '3,000시대' 진입	
32	[보도] 대한민국 경제성장! 코스피, 사상 첫 '2,000시대' 진입	

전시회에 출품하기 위해 큐레이팅한 NFT 아이템 시트.

전시회의 킬러 아이템은 신봉선, 드라마 〈M〉 타이틀, 야구팀 'MBC 청룡' 로고, 밀레니엄 방송 등이었다.

신봉선의 '상상도 못한 정체'는 2017년 만들어진 밈이지만 인기는 여전하다. ㄴ( )ㄱ 짤로 불리는 '상상도 못한 정체'는 2017년 8월 〈복면가왕〉 '땅 좀 보러왔습니다. 콜롬버스'의 정체가 드러났을 때 보여준 리액션에서 시작됐다. '상상도 못한 정체'는 이후 유튜브 등 SNS에서 놀라움을 표현할 때 사용되는 단골 밈이 되었다.

〈해피투게더 4〉에 출연한 신봉선 씨는 〈복면가왕〉 녹화 당시에 자신의 리액션을 인지하지 못했다고 밝혔다. 왜 그런 포즈를 취했는지 모르겠다고 밝혔지만, 당시 상황을 유추해보면 옆에 있는 가수 조장혁 씨를 마이크로 칠까 봐 팔을 덜 올렸을 거라고 추정된다. 신봉선 씨 본인도 인지하지 못한 리액션은 시가 300만 원에 팔렸다. 가격을 떠나 무야호에 이어 신봉선 씨의 리액션이 NFT로 판매되면서 밈의 상품성이 재확인되는 순간이었다.

'무야호'와 신봉선의 '상상도 못한 정체'가 고가에 판매되면서 NFT에 대한 평가가 달라졌다. 무한 복제가 가능한 디지털 콘텐츠의 원본을 소유하고 싶은 욕망은 미술품을 향한 마음과 다를 바 없다. 프린팅된 고흐의 그림을 전 세계에서 쉽게 찾아볼 수 있지만, 많은 사람이 원작을 소유하고 싶어 한다. 많이 복제된 작품일수록 원본을 갖고 싶은 마음은 커질 것이다.

소수의 전문가를 제외하고는 진품과 위작의 차이를 구분할 수 없다. 스마트 콘트랙트를 내장한 NFT 상품은 원본인지 아닌지, 소유자는 누구인지, 판매 내역 등을 쉽게 알 수 있다. 무한히 복제된 디지털 작품의 원본을 소유하려는 욕망은 실제 미술 작품을 소유하려는 욕망과 다르지 않다.

블록체인이 나타나기 전 무한 복제가 시대정신이었다면, NFT를 통해 디지털 작품의 원작자에게 고유한 권리를 돌려주는 것 역시 새로운 시대정신이 될 수 있다. 플랫폼 갑질에 지친 아티스트나 제작자, IP 홀더가 NFT를 통해 권리를 되찾을 수도 있다. NFT가 아티스트나 제작자에게 100년 만에 찾아오는 기회라고 보는 이유다.

무야호가 2021년 다시 회자되면서 2010년 〈무한도전〉의 김상덕 씨 찾기는 여러 형태의 변형된 콘텐츠로 인터넷에서 퍼져 나갔다. 그 과정에서 무야호는 2021년 가장 유명하면서 더욱더 풍부한 스토리를 품은 밈이 되었다. 동영상 콘텐츠가 그랬듯이 NFT 역시 스토리가 성공을 결정짓는 최대 요인이다.

NFT도 스토리다

아카이빙 된 영상을 NFT로 민팅(발행)하는 작업에 이어 IP에 새로운 스토리를 얹어 디지털 자산으로 만들어내는 프로젝트를 시작했다.

첫 번째 프로젝트는 〈무한도전〉 "'극한 알바'×레이레이" 편이었다. 레이레이 작가는 NFT 신에서 활동하는 작가다. 작은 초능력으로 사람들을 도와주는 '마이너 히어로'라는 주제로 2021년부터 NFT 아트 작품을 이어가고 있다.

한국의 NFT 아트 신은 2021년 4월부터 본격적으로 활성화됐다. NFT 모임은 클럽하우스에서 카카오톡으로 이어졌다. 카카오톡 단체 방에 NFT 관련 모임이 생겨났고, 약 100명의 아티스트들이 모였는데 주로 NFT에 대한 정보를 주고받는 역할을 했다. SNS에서 정보를 공유하며 NFT를 제작하기 시작했고, 갖은 시행착오를 겪으면서 한국 1세대 NFT 아트 신이 형성됐다. 레이레이 작가 역시 이때부터 NFT 작가로 활동했다. "'극한 알바'×레이레이 작가" 기획은 〈무한도전〉의 세계관을 넓히는 데 초점을 두고 진행됐다.

〈무한도전〉의 특별 기획전이었던 '극한 알바' 편은 멤버들이 상상을 초월하는 극한 알바에 도전하는 내용이다. 누군가에게는 일상인 힘들고 열악한 업무를 수행함으로써 노동의 가치를 전달해주는 내용으로, 2014년 11월에 방영됐다. 뱀 마사지, 치킨 집, 편의점, 무 뽑기, 택배 상하차, 전봇대 제거 등을 극한 알바로 소개하며 오프닝을 연다. 박명수는 63빌딩 '창문 닦기'를, 정준하는 '홈쇼핑 텔레마케터'를, 유재석과 차승원은 '석탄 채굴' 작업을, 하하는 '택배 상하차', 정형돈은 '10kg 굴 까기' 알바를 체험한다.

세계관을 확장한다는 의미에서 "'극한 알바'×레이레이" NFT 기획전은 〈무한도전〉 멤버들이 체험한 극한 알바에 14개의 아이템을 추가해서 20명의 마이너 히어로즈 캐릭터를 선보였다. 전국 각지에서 극한 아르바이트와 직업으로 고생하는 이들이 각자의 초능력으로 '극한 알바'의 고충을 해결해나가는 과정을 담고있다.

두 번째 프로젝트는 〈무한도전〉 "'돈을 갖고 튀어라'×성태진"편이었다. 〈무한도전〉 NFT 기획전을 준비하면서 콜라보할 여러 작가의 작품들을 찾아봤다. 100명 가까운 작가들의 레퍼런스 중 이상하리만큼 성태진 작가의 작품에 마음이 갔다. 성태진 작가의 작품에는 태권브이가 주로 등장한다. 전투가 없어 더 이

"'극한 알바'×레이레이" NFT 기획전.

상 히어로가 필요 없는 지구. 평화가 찾아온 지구에서 태권브이
는 백수로 표현된다. 태권브이는 툭 튀어나온 배에 운동복을 입
고 슬리퍼를 끌고 다닌다. 소심해 보이기까지 하는 태권브이에는
취업에 지친 청년들과 전성기를 보내고 은퇴한 우리 시대 가장들
이 겹쳐진다.

〈무한도전〉 '돈을 갖고 튀어라' 편은 여섯 개의 가방 중 30만
원이 든 진짜 돈 가방을 차지하기 위해 멤버들이 추격전을 벌인
다. 300만 원이 든 돈 가방을 오후 8시까지 가장 먼저 여의도
MBC에 가져오는 이가 승자가 된다. 성태진 작가는 〈무한도전〉
멤버들을 태권브이, 마징가 제트, 다스베이더, 그레이트 마징가,

배트맨, 아이언맨으로 표현했다. 기존에 선보인 실물 판화 작품에 돈 가방을 든 히어로 등장시키는 방식으로 '돈을 갖고 튀어라' 편 작품이 제작됐다. 추격전의 장소는 서울역과 여의도에서 골목길로 대체됐다. 히어로들이 골목길을 누비며 추격전을 벌인다는 설정이다. 성태진 작가 특유의 설정인 웜홀이 〈무한도전〉 '돈을 갖고 튀어라' NFT 작품에도 등장한다. 웜홀을 통해 각각의 작품은 연계성을 갖게 되었다.

NFT 아티스트들과 콜라보로 진행된 〈무한도전〉 NFT 기획전은 국내 최초로 방송 IP와 NFT 작가, 그리고 실물 작가의 콜라보레이션이라는 특별한 의미를 갖는다. 방송 IP를 디지털로 전환해 새로운 수익 구조를 만들어내려는 시도였다. 이 실험으로 새로운 수익 구조를 만들어낼 수 있다면 MBC 아카이브에 저장된 수많은 방송 IP의 가치가 재평가받을 수 있게 된다. 그래서 공들여 IP를 선정했고, 애정을 갖고 준비했다.

기대와 달리 〈무한도전〉 NFT 기획전의 판매 수익은 저조했지만, 이것이 방송 IP를 활용한 NFT 사업의 실패라고 생각하지는 않는다. 신생 마켓플레이스에서 판매가 진행되었을 뿐만아니라 이 시기에 코인 가격이 큰 폭의 변동이 있었던 점 등의 변수가 있었기 때문이다.

PFP, 새로운 NFT 상품

2022년 가장 주목받은 NFT는 단연 BAYC다. 지루한 원숭이 요트 클럽에 대한 기사가 연일 쏟아졌다. BAYC^{Bored Ape Yacht Club}엔 가상화폐로 큰돈을 번 원숭이들이 모여 시간을 보내고 있다. 유가랩스가 2021년 4월에 BAYC 이름으로 1만 개의 NFT를 민팅했다.

BAYC는 PFP NFT이다. PFP^{ProFile Picture}는 소셜미디어 계정에 자신을 소개하기 위해 올리는 디지털 사진 정도로 이해하면 될 것 같다. 카카오톡 프로필 사진 정도로 표현할 수 있다. 지루한 표정을 짓고 있는 1만 개의 원숭이 대문 사진의 가격이 폭등하면서 BAYC뿐만 아니라 여타 PFP NFT에 대한 대중의 관심도 날로 커져갔다. 그 영향으로 PFP NFT를 발행하는 제작자와 기업들 역시 늘어났다. 1만 개가량의 NFT가 완판되면 상상도 못할 수익을 거둘 수 있다. 1만 개의 NFT를 구입한 홀더들을 대상으로 온오프라인에서 커뮤니티 사업도 할 수 있다는 기대 때문이다.

국내 인지도가 높은 메타콩즈는 로드맵을 통해 자신들이 준비한 커뮤니티 사업을 제시한다. 홀더들에게 한정판 NFT 에어드롭(암호화폐 지갑으로 직접 전송)을 약속했다. '샌드박스' 등의 메타버스 땅을 구입하고 우간다 혹은 르완다에 직접 가서 어려움에 빠진 고릴라를 지원하는 등의 청사진을 그리고 있다.

PFP NFT는 콘텐츠 사업자들에게 말 그대로 꿈에 그리는 신 사업이다. BAYC 역시 애니메이션 등 BAYC 홀더들에게 제공할 콘텐츠와 이벤트를 순차적으로 공개할 계획을 세우고 있다. 물론 청사진에는 늘 위험이 함께한다. 기대보다 NFT 판매가 저조하다 면 청사진에 그려진 베네핏(NFT 판매 이후 홀더들에게 약속한 멤버 십 혜택)을 제공할 자금을 얻지 못할 것이다. 여기서 NFT 먹튀 논 란이 발생한다. NFT는 판매 이전에 베네핏 설계에 신중을 기해 야 한다.

PFP NFT의 성장세를 지켜보면서 방송 IP를 기반으로 한 PFP 를 발행하기로 했다. 선정된 IP는 〈복면가왕〉이다. 〈복면가왕〉은 54개국에 포맷을 수출한 메가 IP다. 국내뿐만 아니라 해외에서도 인지도가 높다. 1만 개의 NFT를 판매하려면 국내외 NFT 구매 수요자 모두를 고려해야 한다. 국내에서 방송되는 〈복면가왕〉의 마스크 디자인과 스토리가 해외에서도 먹힐까? 〈복면가왕〉 PFP 는 방송되는 〈복면가왕〉의 마스크 디자인과 편견 없는 대결이라 는 스토리를 그대로 차용하지는 않았다. 가상 세계 Fictional Universe 를 새로 만들기로 했다.

아래는 〈복면가왕〉 NFT 제작진이 만든 스토리 전개다.

1. 축제의 섬에 가왕들이 모여 <복면가왕> 전을 열기로 했다.

2. 초호화 여객선을 타고 축제의 섬으로 가던 중 가왕 후보 한 명이 실종된다.

3. 사라진 가왕 후보를 찾지 못하고 여객선은 축제의 섬에 도착한다.

4. 축제에 섬에서 <복면가왕> 전이 열린다.

5. 그런데 뜻밖의 재난이 닥친다.

6. 가왕 후보들은 재난을 피해 탈출하는 과정에서 지하세계에 도착한다.

7. 그리고 그곳에서 사라진 가왕 후보를 다시 만난다.

8. 지하세계에서 <복면가왕> 전이 다시 열리고 가왕이 결정된다.

스테이지는 세 개로 나뉜다.

스테이지 1. 초호화 여객선

스테이지 2. 축제의 섬

스테이지 3. 지하세계

〈복면가왕〉 NFT를 3단계에 걸쳐 민팅하기 위해서 스토리가 전개되는 장소를 세 곳으로 구분했다. 사라진 복면가왕과 지하세계에서의 가왕의 탄생이라는 극적인 스토리는 추리소설의 장치들에서 착안했다. 스토리 전개 과정에서 밝혀지는 상황들을 통해 각각의 NFT에 레어러티(희소성)를 부여하기 위해서다.

스토리가 정해지고 〈복면가왕〉 NFT를 디자인할 업체와 판매할 마켓플레이스도 선정했다. 4개월간 〈복면가왕〉 NFT를 준비하면서 기대에 찬 시간을 보냈다. 그런데 2022년 5월 한국산 가상화폐 루나와 테라가 폭락하면서 모든 상황이 바뀌었다. 루나와 테라의 시가 총액은 2021년 기준으로 23조 원과 39조 원이었다. 5개월간 62조 원이 사라진 것이다. 이 사건으로 가상화폐와 NFT에 대한 거품 논란이 비약적으로 커졌다. 가상화폐뿐만 아니라 NFT의 미래에 대해 어두운 전망이 쏟아졌다. 결론적으로 〈복면가왕〉 NFT 발행은 기약 없이 미뤄졌다.

2022년 추석 특집 〈아이돌 스타 육상 선수권 대회(이하 '아육대')〉 관람을 위한 NFT 티켓도 준비했다. 추석 특집 〈아육대〉 티켓을 NFT로 무료 에어드롭할 예정이었지만, 준비 기간 부족과 진행하는 과정에서 발생한 여러 문제로 결국 민팅하지는 못했다.

〈아육대〉는 팬덤에 기반 콘텐츠이므로 티켓 판매나 운영에 민감할 수밖에 없다. NFT로 티켓을 발행하면 발행 시점과 기록이 남아 위변조와 암표 판매를 막을 수 있다. 이런 장점 때문에

2022년 추석 특집 <아이돌 육상 스타 선수권 대회> NFT 티켓.

꾸준히 관심을 가지고 NFT 티켓 시장의 움직임을 지켜봐왔다.

무상 배포 예정이던 〈아육대〉 티켓과 달리 티켓 판매 수익률을 높여야만 하는 공연인 경우, 티켓을 NFT를 통해 경매로 판매할 수도 있다. 만약 공연의 일부 앞좌석을 경매로 판매한다면 다른 티켓보다 높은 가격에 좌석을 판매할 수 있다. 티켓 소유자 역시 신발 리셀과 같은 방식으로 티켓을 수익화할 수 있다.

NFT에 대한 전망은 엇갈린다. 일부 BAYC 보유자들이 BAYC를 발행한 유가랩스에 집단 소송을 준비 중이다. NFT의 가격은 거품이고 유가랩스가 가격을 부풀려 구매자들을 허상에 빠트린다고 주장하는 이들도 있다. 반면 NFT를 아티스트와 콘텐츠 제작자들의 권리를 되찾아줄 희망으로 보는 이들도 있다.

콘텐츠를 활용해서 광고 수익을 얻고 플랫폼과 배분하는 시스템을 우리는 그리 이상하게 받아들이지 않는다. NFT를 통해 크리에이터들이 콘텐츠를 직거래할 수 있다면 우리가 당연시하는 이 시스템은 무너질 것이다. NFT의 미래를 밝게 보는 이들은 기존 플랫폼의 질서를 대체할 새로운 시스템 한 축을 NFT가 맡아줄 것으로 기대한다.

더 이상
아이디어만으로
승부하는
세계가 아니다

디지털 콘텐츠의 최대 장점은 편성에 제약을 받지 않는다는 점이다. 바꿔 말해 실패를 두려워할 필요가 없다. 플랫폼 이용자와 구독자에게 호응받지 못했다면 다시 만들어 발행하면 된다.

숏폼의 시대

디지털 콘텐츠는 플랫폼의 변화에 맞춰 진화했다. 페이스북이 국내 디지털 콘텐츠 시장을 지배하던 시절에는 카드뉴스나 가로형 숏폼, 자막뉴스 형태의 콘텐츠가 대세였다. 개인 크리에이터들이 유튜브에서 성장하면서 게임, 뷰티, 음악, 먹방, 브이로그 등 다양한 장르의 콘텐츠가 생겨났다. 그에 따라 콘텐츠의 러닝 타임도 길어졌다.

천문학적인 수의 콘텐츠가 생산되면서 유튜브는 검색 플랫폼으로 진화했다. 하지만 틱톡의 등장으로 경쟁 상대가 없을 것 같던 유튜브의 위상은 흔들리기 시작했다. 어느새 틱톡스러운 1분 안팎의 숏폼 콘텐츠가 대세가 됐다. 콧대 높던 유튜브도 허겁지

겹 '쇼츠'라는 숏폼 콘텐츠를 선보였다. 카카오와 네이버뿐만 아니라 IPTV에서도 숏폼 콘텐츠 수급을 위해 동분서주 중이다. 인스타그램 역시 '릴스'라는 숏폼 콘텐츠 기능을 추가했다. 페이스북, 유튜브, 인스타그램, 틱톡 등 콘텐츠 플랫폼의 흥망성쇠가 끊임없이 진행 중이다.

흥망성쇠의 굴레는 플랫폼뿐만 아니라 콘텐츠 역시 피해갈 수 없다. 플랫폼의 변화에 맞춰 콘텐츠의 형태도 바뀌고 있다. 오늘의 승자가 내일이면 사라진다. 영원한 승자도 패자도 없다. 레거시 미디어의 제작진, MCN, 개인 크리에이터들 모두 플랫폼과 콘텐츠의 변화를 따라가기가 쉽지 않다. 머리 터지도록 기획하고 밤잠을 잊은 채 편집하지만 인기 동영상에 이름을 올리는 것은 하늘에 별 따기다.

다음 대세 플랫폼은?

다음 대세는 무엇일까? 개인적으로 나는 로블록스, 제페토로 대표되는 메타버스와 오픈씨 등의 NFT 마켓플레이스가 유튜브를 넘어서는 대세 플랫폼이 될 것을 의심하지 않는다. 메타버스에서는 이미 캐주얼 게임을 제작하는 크리에이터들이 양적, 질적으로 급속히 성장하고 있다. 세계 최대 NFT 플랫폼 오픈씨에는 아티스트들과 크리에이터들이 넘쳐나고 대기업들도 NFT 시장에 뛰어들고 있다. 대기업들도 자체 NFT 마켓플레이스를 준비하는 중이다.

카카오 계열사 '그라운드X'는 클레이(가상화폐) 기반의 NFT 플랫폼 '클립드롭스'를 운영 중이다. 그라운드X는 단일 마켓플레이스 운영을 넘어 카카오톡 '클립' 앱을 활용한 NFT 에코 생태계를 준비한다. NFT 관련 영역별 특장점을 가진 기업과 프로젝트 팀들이 NFT 비지니스 모델을 지속적으로 함께할 연합체를 구상 중이다.

SK텔레콤은 패스 앱을 연동한 마켓플레이스를 오픈했다. SK 텔레콤의 NFT 마켓플레이스 '탑포드'는 8월 오픈 베타를 시작으로 2023년도에 정식 출범을 앞두고 있다. 네이버 라인넥스트 역시 NFT 플랫폼 'DOSI'의 오픈을 알렸다. 크리에이터와 기업들이 DOSI 스토어에 입점해서 자신의 IP를 이용해 NFT를 직접 제작, 발행할 수 있다. 가상화폐 가격이 떨어지면서 NFT의 미래를 어둡게 보는 이들도 있지만, 가상화폐 가격과 달리 NFT 생태계는 여전히 빠른 속도로 성장하고 있다.

우리가 주목해야 할 브이튜버

'이세돌'. 이세계 아이돌의 줄임말이다. 처음에는 이름 만 듣고 인공지능 알파고와 기전을 벌인 바둑기사 이세돌과 잠 깐 착각했다. 이세돌은 트위치 스트리머 '우왁굳'이 기획한 6인 조 버추얼 걸그룹이다. 이세돌은 브이튜버로 활동한다. 브이튜버 V-Tuber는 버츄얼 유튜버Virtual Youtuber의 약자다.

브이튜버는 그래픽이나 모션 캡처 등의 기술을 활용해 가상 의 캐릭터(아바타)를 만들고 트위치나 유튜브, 아프리카 TV에서 모바일 방송을 진행하는 크리에이터다. 국내에서는 다소 생소하 지만 일본에서는 이미 큰 인기를 끌고 있다. 2016년 11월, 세계 최초의 브이튜버 일본의 '키즈나 아이'가 등장했다. 브이튜버가 보여주는 생소함과 호기심에 2017년 12월, '키즈나 아이' 채널 구독자 수는 1년 만에 100만 명을 넘어서게 된다.

키즈나 아이의 탄생 이후로 2018년 일본에서 브이튜브의 빅 뱅이 시작되고, 게임회사 스마일게이트의 '세아(SE:A)'가 한국에 서 브이튜버로 데뷔한다. 브이튜버인 '세아'는 크게 주목받지 못 했고, 2020년까지 한국에서 브이튜버 시장은 활성화되지 못했 다. 수많은 이유가 있었지만, K-POP의 비약적 성장으로 일본과 달리 서브 컬처인 브이튜버를 즐기는 이들의 수요가 상대적으로 적었다는 분석도 있다.

2021년 6월 트위치 스트리머이자 유튜버인 우왁굳은 버츄얼 아이돌을 기획하고 오디션 프로그램으로 '이세돌'의 멤버를 모집하기 시작했다. 오디션 지원자들은 Vrchat 아바타를 이용해 아바타를 만들어서 '이세돌' 프로젝트에 참여했다. 고세구, 아이네, 징버거, 비챤, 릴파, 주르르가 최종 멤버로 선발됐다. 현재 이세돌 멤버들은 각자 개인 유튜브 채널을 운영하고 있으며 멤버들 모두 20만 명이 넘는 구독자들을 보유하고 있다.

2022년 10월, 이세돌 멤버들이 함께 활동하는 유튜브 채널 '왁타버스'의 구독자 수는 46만 명을 돌파했다. 이세돌은 커버 곡뿐만 아니라 오리지널 음원까지 발표했다. 2021년 12월, 이세돌 디지털 싱글 앨범이자 데뷔 곡인 〈RE:WIND(리와인드)〉가 발매됐다. 데뷔 곡 뮤직비디오의 조회 수가 1,056만 뷰를 넘겼으며 2022년 3월에 발매한 디지털 싱글 2집 〈겨울 봄〉은 멜론 차트 TOP 100에서 36위에 오르기도 했다. 이세돌의 성공으로 한국 브이튜버의 성장기가 막 시작됐다는 기대감이 콘텐츠 비즈니스 시장에서 커지고 있다.

2022년 10월 브이튜버 시장에서 주목받는 또 하나의 콘텐츠는 〈소녀 리버스〉다. 〈소녀 리버스〉는 카카오엔터테인먼트가 기획한 버추얼 걸그룹 데뷔 서바이벌 예능이다. 현실 세계에서 활동하던 걸그룹 멤버 30명이 버추얼 아이돌 데뷔 기회를 놓고 경쟁을 벌인다. 아이돌 멤버들이 현실 세계의 정체를 가리고 버추얼 캐릭터로 출연하지만 팬들은 카카오 TV에 본편이 공개되기도 전에 이미 아바타의 정체를 커뮤니티에서 올리기 시작했다. 〈마이 리틀 텔레비전〉을 제작한 박진경 CP와 이세돌의 소속사 패러블 엔터테인먼트 등이 소녀 리버스 제작에 참여했다.

결국은 자본과 스토리

2018년 7월부터 일사에프는 40개가 넘는 코너를 선보였다. 강다솜의 〈데일리픽〉은 4년 넘게 운영되고 있다. 〈아이돈케어〉는 14층 사람들을 세상에 알렸고 〈소비더머니〉는 구독자의 응원과 요구에 따라 채널 독립했다. 〈소비더머니〉가 떠난 자리는 〈돈슐랭〉이 채웠다. 조승원 기자의 〈주락이월드〉는 주류계의 인싸가 됐다. 국민체육진흥재단의 협찬으로 시작된 하승진, 전태풍의 〈하태주의보〉는 시즌 4까지 제작됐고 '일사에프'식 웹

예능 제작의 신호탄이 됐다. 에드워드 권의 〈국밥 인 더 시티〉는 시즌 2 〈고기 인 더 시티〉로 이어졌고, 조만간 〈누들 인 더 시티〉로 시즌 3를 제작할 계획이다.

아쉬운 코너도 있다. 지역 편견 다시 보기로 기획된 〈지방시〉는 코너 종료 이후 조회 수가 오르기 시작했다. 나름 잘 만들었다고 평가한 코너가 구독자들의 호응을 받지 못한 경우도 있다. 나해란 정신과 의사가 진행한 청년 멘탈케어 〈사적인 정신과〉와 스브스뉴스의 〈문명특급〉을 벤치마킹해서 만든 〈이슈IT쪼〉는 각각 9화, 13화를 마지막으로 문을 닫았다.

돌이켜보면 성급한 판단이 아니었나 하는 아쉬움이 있다. 좀 더 다듬었다면 구독자들에게 사랑받는 콘텐츠로 자리 잡지 않았을까. 제작진들에게도 미안하다. 진행비와 출연료를 너무 박하게 책정한 것 같다. 그 밖에도 오늘 입는 옷에 대한 이야기 〈양동근의 OG는 스타일〉, 모텔 첫 경험 가이드와 술자리 요령처럼 어디 물어보기 힘든 정보를 소개한 〈쫄보를 위한 후방주의보〉 등이 아쉬운 콘텐츠로 기억에 남는다.

디지털 콘텐츠의 최대 장점은 편성에 제약을 받지 않는다는 점이다. 바꿔 말해 실패를 두려워할 필요가 없다. 호응을 얻지 못했다면 다시 만들어 발행하면 된다. 유명 방송 PD가 만든 오리지널 콘텐츠라고 해서 시장에서 모두 성공하지는 않는다. 디지털에 최적화된 문법을 콘텐츠로 표현한 무명의 크리에이터들이 시장의 주목을 받고 있다. 만들면서 배우기 때문이다. '진용진'과 연반인 '재재' 등이 디지털 문법을 제대로 이해하는 크리에이터의 대표적인 사례다. 디지털에는 디지털에 맞는 문법이 있다. 그 문법을 이해하고 빠르게 체득하는 이가 디지털 콘텐츠 시장에서 생존할 수 있다.

디지털 콘텐츠 시장은 상대적으로 진입 장벽이 낮다. 지금 이 순간에도 수많은 크리에이터들이 탄생하고 있을 것이다. 여기서 콘텐츠 시장의 미래를 찾을 수 있다. 계속 이어지는 크리에이터의 공급이 디지털 콘텐츠 시장을 유지하고 성장시킬 것이다.

디지털 콘텐츠의 성패를 가르는 요인은 무엇일까? 내가 얻은 결론은 자본과 스토리다. 유튜브만큼 자본에 충실히 반응하는 콘텐츠도 없다. 〈와썹맨〉, 〈워크맨〉을 시작으로 디지털 오리지널 유튜브 콘텐츠의 제작비는 급상승했다. 여전히 큰 차이가 있지만, 일부 오리지널 콘텐츠는 방송 제작비와 유사한 수준까지 올라갔다.

인지도 높은 인플루언서나 연예인이 출연하면 조회 수가 반응한다. 적지 않은 수의 연예인들이 디지털 오리지널 콘텐츠에 출연하면서 회당 1,000만 원에 가까운 출연료를 받고 있다. 디지털 콘텐츠 시장은 더 이상 아이디어만으로 승부하는 세계가 아니다. 일사에프에서 제작한 〈인천 패밀리〉의 경우 총 제작비가 편당 1억 원을 훌쩍 넘는다. 성장하는 플랫폼에 자본이 몰리는 건 당연한 이치다.

그래도 조회 수가 부족하다면 '구글 애즈'를 통해 광고를 집행할 수 있다. 콘텐츠에 따라 다르지만 광고료만큼 조회 수는 올라간다. 상당수 웹예능 콘텐츠가 광고의 힘으로 조회 수를 올리고 있다. 하지만 디지털 콘텐츠의 매력은 막대한 자본을 투자한 대형 웹예능보다는 독창적인 스토리와 독보적인 캐릭터를 추구하는 콘텐츠에서 찾을 수 있다. 어디에서도 찾아보기 힘든 스토리와 출연진 만들어낸 독특한 캐릭터로 자본이란 장벽을 넘어선 데서 승부가 갈린다.

"유튜브에 더 이상 새로운 콘텐츠가 있겠어"란 확신에 가까운 생각이 가끔 깨질 때가 있다. 폭포처럼 쏟아지는 콘텐츠의 바다에서 "어떻게 이런 생각을 할 수 있을까?" 하는 존경심까지 생기는 콘텐츠를 가끔 보게 된다. 예를 들어, '100일 후에 먹히는 돼지'라는 채널이 있다. 미니피그를 키우는 채널이다. 여느 애완동물 브이로그와 마찬가지로 미니피그의 일상을 보여준다. 다만 '100일 후에 먹히는 돼지'란 제목이 암시하듯 콘텐츠가 발행될 때마다 제목 옆에 90일, 50일, 30일처럼 날짜가 카운트다운된다. 제작진은 식품 손실을 없애기 위해 이 채널을 기획했다고 밝혔다.

100일째 되던 날 미니피그 주인은 갈비(미니피그의 이름)를 어디론가 데려간다. 조그만 박스를 들고 집으로 돌아오는데 박스 안에 도살된 '갈비'가 담겨 있다. 일상적으로 소비되는 동물의 희생을 알리기 위해서다. 윤리적 문제를 제기하는 이들도 있었지만 제작진의 창의적 발상과 독특한 주제 의식이 돋보였던 채널이다. 유튜브의 매력을 잘 살린 콘텐츠라고 생각한다.

지금 이 순간에도 100만 구독자를 꿈꾸는 수많은 크리에이터들이 디지털 오리지널 콘텐츠 시장에 뛰어들고 있다. 그들과의 경쟁에서 도태되지 않기 위해서 일사에프 제작진들은 매일 혈투를 벌이고 있다. 그야말로 칼바람이 몰아치는 콘텐츠 시장과 직면 중이다. 콘텐츠를 만들려면 제작비가 필요하고, 일사에프 구성원들은 제작비를 얻기 위해 영업이란 낯선 세계로 뛰어들었다. '우리가 생존할 수 있을까?'라는 절박함이 오히려 성장의 자양분이 됐다.

제작진과 밤새우고 효과적인 마케팅 수단이 될 거라는 설득에 설득을 더하며 기업을 찾아다녔다. 그렇게 불안한 시간을 보내다 어느덧 뒤돌아봤을 때 우리가 누구보다 빠르게 달리고 있다는 사실을 알게 되었다. 일사에프 채널을 운영하면서 운 좋게도 수많은 기회와 선택의 순간을 경험했다. 4년간 함께 해준 제작진들과 일사에프를 사랑해주신 구독자분들께 진심으로 감사의 인사를 전한다.

고기앤더시티
누가 어떻게 소개하느냐가 포인트

이제 고기를 다 삶아서 쪄놓고

"기분이 저기압일 땐 '고기' 앞으로 가라!" 어느 동네, 어느 식탁 앞에 가더라도 만날 수 있는 고기 요리들을 소개하는 코너다. 스타 셰프 에드워드 권과 함께 대중에게 사랑받는 고기 요리를 맛보고 도시와 요리 사이에 얽힌 맛있는 이야기들을 들여다본다.

기획 스토리

음식은 언제나 사람들이 관심을 많이 가지는 소재다. 그래서 음식을 소재로 한 코너를 만들어봐야겠다고 결심했다. 사실 처음에는 <고기앤더시티>가 아니라 <국밥앤더시티>로 시작했다. 스타 셰프 에드워드 권과 유튜브 요리 분야에서 최고의 인플루언서인 승우아빠가 함께 한다면 시너지가 좋을 것이라 생각했다. 10화로 <국밥앤더시티> 1부를 마무리하고, 2부는 다른 음식을 고민했다. 그리고 떠올린 것이 고기였다. 한국인이 가장 선호하는 외식 메뉴, 그리고 창업 1순위 메뉴에는 언제나 '고기'가 자리매김하고 있다. 굽고, 삶고, 찌고, 볶고, 어떻게 요리하든 맛있는 고기. 바로 그 고기가 주인공인 코너를 만들어봐야겠다고 생각했다. 고기를 소개하는 방식 중에서도 전국의 고기 요리 맛집을 찾아다니며 소개하는 방식을 선택했다. 도시마다 특색 있는 고기 요리를 소개하면 매번 다른 레시피와 스토리를 소개할 수 있을 것이라 생각했다.

베스트 에피소드

<국밥앤더시티>를 끝내고 2부로 시작한 <고기앤더시티>의 첫 번째 에피소드. 고기 이야기를 한다는 소개에 많은 구독자들이 관심을 보였다. 강남 한복판의 삼겹살집 노포에서 에드워드 권 셰프와 유튜버 승우아빠가 만난다. 두 사람은 지난날 레스토랑에서 함께 일하던 시절의 회식 자리를 추억하며 삼겹살을 맛본다. 자신들도 요리로 승부수를 던졌던 미식의 격전지 '강남'에서, 30년간 삼겹살로 자리를 지켜온 노포의 저력은 무엇이었는지 들어본다.

핵심 포인트

에드워드 권 셰프와 유튜버 승우아빠는 10여 년 전 MBC 휴먼 다큐멘터리 <그날>에서 요리 세계의 스승과 제자로 출연해 눈길을 끌었다. 때로는 매콤하게 불호령을 떨어뜨리다가도 어느새 달달하게 서로를 위하는 모습을 보여줬는데, 그 뒤에 존재하는 비하인드 스토리는 지금도 언급될 때마다 화제가 되곤 한다. 때문에 두 사람이 함께한 시간, 공간, 그리고 고기 요리에 대한 이야기를 하나의 에피소드에 담아 시청자들도 공감할 수 있는 추억과 맛을 상기시킨다.

부록

일사에프와
함께하는 사람들

4년 동안 40여 개의 코너가 생겼다가 사라졌다. 그중에는 한
달 안에 소리 소문 없이 사라진 코너도 있고, 크게 성공해 새로
운 채널로 독립해 승승장구하는 코너도 있다. 그리고 그 모든
과정에는 함께하는 사람들이 있었다. 제작진뿐만 아니라, 코너
의 콘셉트에 딱 맞는 진행자와 출연자들도 한 팀이 되어 콘텐
츠를 만들었기에 일사에프가 완성될 수 있었다.

차별화된 식품 브랜드 이야기

_ 김바비

〈소비더머니〉의 독립이 결정된 후, 빈자리를 메울 새로운 코너가 필요해진 일사에프 측이 나에게 연락을 해왔다. 가벼운 미팅 자리인 줄 알았는데, 도착해보니 자기들끼리 이미 하는 걸로 결정 낸 뒤였다. 나에게 "첫 주제는 뭐로 할까요?"라고 물어보더라. 어…, 글쎄요, 어…. 목표 조회 수가 10만이라길래 속으로 '조만간 프로그램 접겠구만'이라고 생각했다.

아이디어 기획 단계에서는 〈소비더머니〉가 대기업 중심의 이야기를 다뤘으니 자영업이나 소비 현상에 대한 이야기를 다뤘으면 좋겠다는 의견이 있었다. 그렇게 먹는 이야기를 경제적, 경영적인 관점으로 풀게 되었다. 〈돈슐랭〉의 첫 화가 치킨 프랜차이즈 이야기가 된 까닭이다.

첫 화는 결과가 괜찮았지만 이어지는 크래프트 맥주, 미쉐린

가이드, 포장마차 편은 기대치에 많이 못 미쳤다. 그때 굉장히 많은 고민을 했다. 단순히 음식 이야기로는 안 되겠다 싶었다. 어째서 치킨이 소재일 때 조회 수가 잘 나온 것일까? 단순하게 치킨이란 음식 이야기만 한 것이 아니라 치킨 프랜차이즈 기업과 브랜드의 이야기를 한 덕분이었던 거 같았다. 그러다 6화 불닭볶음면 편이 조회 수가 대폭발했다. 〈돈슐랭〉이란 코너의 방향성은 이때 완전히 정해졌다.

걱정하던 조회 수 문제는 해결됐지만 다른 고민이 생겼다. 〈돈슐랭〉이 〈소비더머니〉와는 다른 것은 무엇인가? 〈소비더머니〉 식품 브랜드 버전인가? 그래서는 안 된다. 브랜드에 관한 스토리를 전달하는 콘텐츠는 유튜브에 차고 넘쳤다. 〈돈슐랭〉은 지금 성공적으로 자리 잡고 사랑받은 식품 브랜드와 기업에 관한 이야기다. 그런 브랜드는 모두 차별화를 통해 확고하게 자리 잡을 수 있었다. 그렇다면 우리도 차별화를 해야 한다.

이때 잡은 방향성이 바로 '경쟁'이다. 브랜드를 다루는 콘텐츠들은 많지만 그런 콘텐츠들은 개별 기업이나 브랜드 하나에만 초점을 맞췄다. 하지만 모든 기업과 브랜드는 경쟁한다. 그 브랜드가, 창업자가 무엇을 했느냐는 이야기도 좋지만 그들이 어떠한 방식으로 경쟁했고 당시 상황에서 왜 그런 결정을 내렸는지 이야기하는 것도 재미있으리라 판단했다. 〈돈슐랭〉이 수많은 콘텐츠의 홍수 속에서도 잘 자리 잡을 수 있었던 힘이 여기에 있지 않을까 아닐까 생각한다.

유튜브에서는 어떠한 콘텐츠를 1년 넘게 지속하기가 굉장히 어렵다. 〈돈슐랭〉은 같이 스토리를 쓰고 있는 작가님과 이야기가 밋밋하지 않게 화려한 편집으로 채워주시는 피디님들이 있었기에 계속될 수 있었다. 아울러 〈돈슐랭〉이 시작할 수 있게 기회를 제공해준 팀장님과 팀원들, 그리고 긴 시간 꾸준히 〈돈슐랭〉을 봐주시는 구독자분들께 감사한다.

지구인들의 채널, 별다리 유니버스!

_ 파비앙

　지난여름부터 '별다리 연구소'의 진행을 맡고 있다. '별다리 연구소'를 진행하다 보면 새로운 사실을 깨달을 때가 많다. 각기 다른 환경에서 살아온 외국인들과 이야기 나누다 보니 그동안 내가 갖고 있던 이념과 생각, 믿음이 틀릴 수도 있다는 걸 알게 된다. 출연자와 발맞추다 보면 겸허해지고, 겸손해지기도 한다.

　사실 출연 전부터 별다리 유니버스 채널을 챙겨보고 있었다. 나는 새롭게 배우는 것을 제일 좋아하는데, 이 채널은 다른 나라의 문화와 주제를 다양한 시선으로 바라볼 수 있게 해준다. 별다리 유니버스는 내가 좋아하는 프로그램들이 종합된 채널이었다. 섭외 전화가 왔을 때, 무엇보다 재미있게 배울 수 있는 것이 많겠다 싶어서 출연을 결정했다. 참여한 지 5개월이 지났지만, 지금도 매번 놀랍고 신기하고 배우는 게 많다. 하나의 주제에 대해서도 나라마다 생각이 다른데 그것이 우리 채널의 가장 큰 매력이라고 생각한다. 우리는 구독자들을 지구인이라고 부르는데, 한국인이 아닌 지구인 시선으로 바라본다는 게 매우 신선하다.

"별다리 유니버스는 유익하면서도 웃기고, 정보를 알 수 있는 편안한 채널이다."

주변 사람들이 요즘 많이 해주는 이야기다. 좀 모순적인 이야기지만, 나는 외국인이 많이 출연하는 프로그램은 조금 피하는 편이다. 외국인이 나오는 다른 프로그램의 질문과 진행이 뻔하게 느껴질 때가 많아서이다. 외국인이 진행자라서 그런지는 몰라도, 별다리 유니버스는 분위기가 다르다. 멘트부터 한국인 진행자가 하는 프로그램과 많이 다르다. 그래서 출연하는 외국인들도 훨씬 편하게, 다른 면에서는 좀 더 부담을 느끼며 출연에 임하는 것 같기도 하다.

별다리 유니버스는 세상이 우리의 생각보다 굉장히 넓다는 사실을 깨닫게 해준다. 한국에 오래 살았고, 한국어를 잘하지만 나는 아직 한국에 대해 아직 모르는 것이 많다. 별다리 유니버스는 다른 나라의 사람들의 생각을 공유함으로써 새로운 것을 배울 수 있는 특이하고 재미있는 채널이다. 별다리 유니버스를 사랑해주는 지구인 여러분과 제작진의 노력에 감사 인사를 드리고 싶다.

아나운서로서 개인 역량을 뽐낼 수 있는 유튜브

_ 이영은 아나운서

2018년 여름, 일사에프가 처음으로 론칭되었을 때 나는 갓 입사해 한창 연수를 받고 있었다. 직속 선배인 강다솜 아나운서가 유튜브를 시작한다기에 "유튜브요? 선배님이요? 일사에프가 뭔데요?" 했던 기억이 난다. 그런 내가 그해 겨울 일사에프의 멤버가 되었고, 일사에프는 미디어센터 14층을 점령할 만큼 커버렸다!

막 커가는 프로그램에 입사한 지 얼마 되지도 않은 신입이 합류했으니 나에게는 큰 부담이었다. 당시의 나는 '프로그램에 누가 되지 말자'라는 생각이 가장 앞섰다. 〈데일리픽〉의 모토인 '쉽고, 간결하고, 빠르게'에 우선 집중했다. 어려운 단어는 최대한 순화하고, 한 문장이 길어지지 않게 자르거나 나누고, 영상 길이를 최대한 줄이기 위해 빠른 속도로 말했다. 또 딱딱하게 말하지 않고 자연스럽게 하려고 노력했다. 이런 노력이 지금 하고 있는 스포츠뉴스와 다른 방송에도 큰 도움이 되었으니, 일사에프는 나의 방송 인생에 빠질 수 없는 존재임이 분명하다.

〈앱둥이〉라는 코너를 진행할 때는 일하러 가는 게 맞는지 싶을 정도로 즐기면서 했던 기억이 가득하다. 이런 쪽으로 재빠르지 못한 내가 인기 앱들에 대해 배워볼 수 있는 기회이기 때문만은 아니었다. 일사에프의 최고 장점 중 하나인, 또래들과 함께 방송을 만들 수 있다는 점에서 촬영뿐만 아니라 회의하러 가는 길에도 항상 설렘이 가득했다.

일사에프의 후발대인 경쟁자들이 사내외로 넘쳐나고 있지만, 아직도 모든 프로그램을 통틀어 일사에프만큼 우리 아나운서가 개인 역량을 마음껏 펼칠 수 있는 방송은 없는 것 같다. 물론 팀원들은 매번 여기서 한 발자국 더 앞서가기 위해 항상 골머리를 앓으시겠지만, 숟가락만 얹어가는 입장에서 일사에프에 함께할 수 있어서 항상 감사할 따름이다.

일사에프의 정체성, 〈데일리픽〉의 페르소나

_ 강다솜 아나운서

"아, 맞다. 다솜이, 너 무슨 유튜브 한다고 했지? 고생한다."

일사에프를 막 시작했을 무렵, 회사 동료들은 TV 프로그램이 아닌 유튜브 촬영을 한다는 나에게 '고생한다'라는 말을 자주 했다. 그때는 지금처럼 모두가 유튜브에 뛰어들 때는 아니었다.

주목받는 프로젝트는 아니었지만, 나에게 일사에프는 특별했다. 기존에 내가 해온 방송들과는 달르기 때문이었다. 함께하는 제작진이 20대 초반이었고, 수평적인 분위기를 위해 서로를 "○○님"으로 불렀다. 제작진이 모든 것을 세팅해놓고 출연자가 들어가는 구조가 아니었기에 정말 끝없이 함께 회의했다.

아주 오랫동안 이어진, 정해진 뉴스 전달 방식에서 벗어나는 건 쉽지 않았다. '이래도 될까?'라는 생각이 자주 들었지만, '원래대로 할 거라면 왜 일사에프를 만들지?'라는 생각으로 흔들리는 마음을 다잡았다. 뉴스의 내용과 형식, 짤의 사용부터 앵커의 말의 속도, 사용하는 단어과 말투, 그리고 그에 어울리는 의상과 메이크업, 카메라 세팅까지. 모든 요소를 치열한 논의로 결정됐다. 하나하나 정해질 때의 쾌감과 해방감이란!

앵커의 콘셉트을 정할 때는 특히 의견이 분분했다. '자, 내가 정리해줄게. 넌 듣기만 해' 이런 느낌의 시크한 센 언니 콘셉트로 갈 것인지, '어머, 이 이야기 좀 들어봐. 내가 이런 소식을 들었지 뭐야?' 하는 수다스럽고 친근한 옆집 언니 콘셉트로 갈 것인지. 결국 둘 다 찍어봤는데, 압도적인 표로 옆집 언니 콘셉트가 당첨됐다!

페이스북에 처음 콘텐츠를 올린 뒤에도 사람들이 과연 좋아해줄까 하는 불안감은 여전했다. 말이 너무 빠른 건 아닌가, 쉬운 단어들만 써서 뉴스의 무게를 가벼이 한 것은 아닐까, 옷을 너무 캐주얼하게 입은 것은 아닌가 걱정만 한가득이었다. 다행히 외부에서도 회사 내부에서도 반응이 오기 시작했다.

회의에서 일사에프가 뉴스를 쉽고 재미있게 만든다고 이야기한 당시 보도국장님 덕에 "일사에프가 뭐야?" 하고 관심을 가지는 사람들이 늘었다. 지금 일사에프는 데일리 뉴스 코너 말고도 다른 인기 코너들 덕에 구독자가 폭발적으로 증가했다. (그런 재미난 코너와 비교해 〈데일리픽〉은 그런 폭발력이 없었다. 실제로 〈데일리픽〉을 없애니 안 없애니 소문이 무성했다. '그래 이만하면 오래했지'하고 마음을 접고 있을 무렵, 일사에프 팀장님이 나에게 "〈데일리픽〉은 일사에프의 정체성이다"고 말했다. 정말 감동이었다.) 앞으로 일사에프는 계속해서 달라질 것이고, 〈데일리픽〉도 변화를 맞이할 것이다. 또 어떤 모습으로 즐거움과 새로움을 안겨줄지, 일사에프 팀원인 나도 그 미래가 무척이나 궁금하다.

참고 문헌

- '"MBC 14층 사람들" SNS에서 일낸다', <오마이뉴스>, 2018. 8. 13.

- '"슬픈 개구리 페페"가 궁금해', 모지(유튜브 채널), 2022. 4. 4.

- '<무한도전> NFT로 재탄생…전시회 열린다', <매일경제>, 2022. 4. 12.

- 'AP통신, NFT 거래소 연다..퓰리처상 수상작 판매', <코인데스크 코리아>, 2022. 2. 11.

- 'MBC 14F "20대 공감 압축뉴스, 구구절절 설명은 TMI"', <미디어오늘>, 2018. 8. 20.

- 'MZ세대를 이해하고 싶다면? 디지털 유행 코드 "밈"을 주목하라', <SK하이닉스 뉴스룸>, 2020. 8. 3.

- 'NFT 마켓플레이스 정하기', 《NFT 아트》(더퀘스트, 2021)

- NFT와 디지털 소유권, 《NFT 레볼루션》(라이온북스, 2022)

- '국내 유일 미디어 전문 임팩트투자사 "메디아티" 역사 속으로, "소풍벤처스"에 합병', <조선미디어>, 2020. 2. 28.

- '디지털 환경에 최적화된 브랜드 구축하기', 《잘 팔리는 브랜드의 법칙》(더퀘스트, 2021).

- '무에서 유로, 미술부터 모든 분야까지 섭렵한 NFT 정리판 "아트가 머니"', 일사에프(유튜브 채널), 2022. 2. 2. 4.

- '바이럴 마케팅 논란의 "KFC 닭 껍질 빌런" 직접 만나봤습니다', 일사에프(유튜브 채널), 2019. 6. 21.

- '온라인 미디어의 의제설정 효과', <정치커뮤니케이션 연구>, 2008. 9.

- '이메일 구독 전성시대', <노블리스>, 2020. 3. 26.

- '제일기획 "2018년 광고비 11조 7천억 원 전년대비 4.6%증가… 디지털광고비, 방송 첫 추월"', <포쓰저널>, 2019. 2. 19.

- '줄임말 50개, 당신은 몇 문제 맞힐 수 있나요?', <머니투데이>, 2018. 10. 9.

- '최초의 버츄얼 유튜버, 키즈나 아이의 몰락', 제스처(유튜브 채널), 2020. 5. 8.

- '태권V를 꿈꾸며', <MTARTS>(웹사이트)

- '톤 앤 매너 뜻, 의미와 일상 속 사용법은? 하나의 컨셉', <topstarnews>, 2017. 11. 6.

- '톤 앤 매너, 그 이름은 무엇인가', <셀러뉴스>, 2021. 6. 16.

KI신서 10620

MBC 14층 사람들은 이렇게 기획합니다

1판 1쇄 인쇄 2022년 12월 30일
1판 1쇄 발행 2023년 1월 25일

지은이 손재일, 전기영
펴낸이 김영곤
펴낸곳 (주)북이십일 21세기북스

인문기획팀장 양으녕 책임편집 이지연
디자인 엘리펀트스위밍 교정교열 신은정
출판마케팅영업본부장 민안기
출판영업팀 최명열 김다운
마케팅1팀 배상현 한경화 김신우 강효원
e-커머스팀 장철용 권채영
제작팀 이영민 권경민

출판등록 2000년 5월 6일 제406-2003-061호
주소 (10881) 경기도 파주시 회동길 201 (문발동)
대표전화 031-955-2100 팩스 031-955-2151 이메일 book21@book21.co.kr

(주)북이십일 경계를 허무는 콘텐츠 리더

21세기북스 채널에서 도서 정보와 다양한 영상자료, 이벤트를 만나세요!
페이스북 facebook.com/jiinpill21 포스트 post.naver.com/21c_editors
인스타그램 instagram.com/jiinpill21 홈페이지 www.book21.com
유튜브 www.youtube.com/book21pub
서울대 가지 않아도 들을 수 있는 명강의! <서가명강>
유튜브, 네이버, 팟빵, 팟캐스트에서 '서가명강'을 검색해 보세요!

© 손재일 전기영, 2023
ISBN 978-89-509-2100-2 03320